窥见上帝秘密的人
洛克菲勒自传

【美】洛克菲勒◎著

许芳芳◎译

Random
Reminiscences of
Men and Events

哈尔滨出版社

HARBIN PUBLISHING HOUSE

图书在版编目(CIP)数据

窥见上帝秘密的人：洛克菲勒自传／（美）洛克菲勒著；许芳芳译. —哈尔滨：哈尔滨出版社，2016.9（2022.11重印）

ISBN 978-7-5484-2817-6

I.①窥… II.①洛… ②许… III.①洛克菲勒，J.D.（1839-1937）- 自传 IV.①K837.125.38 ②B848.4-49

中国版本图书馆CIP数据核字 (2016) 第162960号

书　　名：窥见上帝秘密的人——洛克菲勒自传
KUIJIAN SHANGDI MIMI DE REN——LUOKEFEILE ZIZHUAN

作　　者：[美]洛克菲勒　著
译　　者：许芳芳
责任编辑：尉晓敏　李维娜
版式设计：张文艺
封面设计：异一设计

出版发行：哈尔滨出版社 (Harbin Publishing House）
社　　址：哈尔滨市香坊区泰山路82-9号　邮编：150090
经　　销：全国新华书店
印　　刷：三河市兴达印务有限公司
网　　址：www.hrbcbs.com
E-mail：hrbcbs@yeah.net
编辑版权热线：（0451）87900271　87900272
销售热线：（0451）87900202　87900203

开　　本：787mm×1092mm　1/32　印张：6.25　字数：79千字
版　　次：2016 年 9 月第 1 版
印　　次：2022 年 11 月第 2 次印刷
书　　号：ISBN 978-7-5484-2817-6
定　　价：59.80元

凡购本社图书发现印装错误，请与本社印制部联系调换。
服务热线：（0451）87900279

序 　　　〉〉〉

　　每个人在生命的某个阶段，或许都会愿意回首往事，重拾记忆的片段，讲述那些大大小小的耕耘与欢愉。我正在变成这样一个絮絮叨叨的老人，在本书中，我将记录下一些在我生命中出现过的人，发生过的事。

　　在某种程度上，我所交往的是这个国家里最优秀的人，特别是在商界——这些人建立起美国的商业王国，他们生产的产品远销全球。我所要记录的事件对我而言具有重大的意义，它们在我记忆中留下了永不磨灭的印记。

　　如何把握公开个人隐私的尺度，或者说如何保护自己免受攻击，是一个颇具争议的问题。过度地暴露自己的经历会有自大的嫌疑；而保持缄默有时更会遭来误解，因为人们会认为你没有辩驳的理由。

我并不习惯将我的个人生活公之于众；但既然我的家人和朋友认为我有必要对一些被炒得沸沸扬扬的事情做出申明，我觉得我应该听从他们的建议，同时也重拾一些生命中的珍贵记忆。

撰写这些回忆性质的文字还有另外一个原因：如果人们传言的事情有十分之一是真的，我那些能干、忠实的朋友一定会觉得蒙受冤屈，他们中很多人已经与世长辞。而我自己本来已经决定保持沉默，相信在我离开这个世界之后，真相会大白于天下，历史会做出公正的裁决，但既然我活着，并且可以证明一些事情，似乎我应该澄清这些引发广泛讨论的事件。我确信它们仍未得到充分的了解。

所有这些关乎逝者声誉以及生者生活的事件，公众在做出判断之前，有权了解第一手的真相。

着手写这些回忆性质的文字时，我并没有希冀将它出版成书。我甚至没有把它当成一部非正式的自传，更没有考虑顺序、次序、完整性的问题。

聊起多年来患难与共、亲密无间的合作伙伴与同事，我感到无比开心和满足。同时我也意识到：虽然这些记忆对我来说是一笔珍贵的财富，但是长篇大论会令读者厌烦，所以我只提到了其中一些朋友，正是他们造就了我商业上的成功。

John D. Rockefeller.

1909年3月

目录 contents

▲ 我得到了标准石油公司很多的信任。我很荣幸可以联合那么多有能力的人，现在他们都是公司中举足轻重的人物。我与他们共事多年，但真正让公司挺过难关的人是他们。

▲ 我的同事是忠实、真诚的朋友。我们一起经历了无数困难和考验。我们曾一起讨论、争论、斟酌，直到对问题达成共识。我们坦诚相对，同甘共苦，对此我一直深感欣慰。如果失去这一基础，商业伙伴不可能取得最大的成功。

▲ 花费所有的时间，为挣钱而挣钱，是最无耻和悲哀的事情。如果年轻40岁，我很愿意再战商界，因为与有趣、机智的人来往是很快乐的事情。

▲ 我是个注重细节的人。我的第一份工作是簿记员，我对数字和论据极其看重，不管是多么细微的数据……我有一种追求细节的热情……

▲ 我的工作要有趣得多。工作对我来说完全是一种享受。渐渐地，我掌管了所有账目的审计。所有账目都必须先由我过目，而我也一丝不苟地履行着自己的职责。

▲ 我自己每次都是认真地检查他的账单，仔细核对每一项收费，即使是一分一厘也要替公司节省下来。

▲ 遇到紧急情况时可以向前辈请教——这些经历对我来说弥足珍贵。

▲ 尽心尽责地工作并从中得到锻炼，我感到受益匪浅。

▲ 我开始自己出去寻找商机——这一部分的工作我之前从未尝试过。我几乎拜访了附近所有与我们所从事的业务有一点联系的人，也走遍了俄亥俄州和印第安纳州。我认为最好的方法是先简单介绍我们的公司，而不是急于推销我们的服务。

▲ 这个计划(为教会募集2000美元的善款)深深地吸引了我。我全力以赴地筹集资金。这件事情以及其他类似的活动燃起了我最初的赚钱的欲望。

▲ 我们勤勤恳恳地工作，设定目标，把握机遇，每一步都走得坚实而沉稳。

▲ 一个企业，无论兴衰，都最先保障员工的福利，我不知道还有什么比这更好的企业管理方法了。

▲ 依靠个人的力量单枪匹马求得生存的时代已经一去不复返了。

▲ 我决不相信当今的时代会对个人造成不利的影响。我们正在进入经济上的黄金时代，未来的年轻人拥有无数珍贵的机会。

▲ 过分关注报纸上关于商人贪婪的报道是很傻的……一个人按部就班的生活不足以成为报纸的噱头……

▲ 他们希望最完美的时机造就最完美的机会，但即使等到世界末日，他们也等不到这一天。而尝试说服他们放弃，经常是一件徒劳无功的事情。

▲ 在生意不景气的时候，人们总是不愿意面对现实，理清自己的财务状况。这是做生意的大忌。

▲ 标准石油公司的成功应归功于我们一直坚持的理念
——通过质优价廉的产品维护并扩大客户群。

▲ 我们全心全意致力于石油产品的经营。公司从未涉
足其他行业，而是坚持完善现有的企业。

▲ 一家企业的成功依靠的并不仅仅是资本、工厂，以
及严格意义上的"物质"，人的性格、能力才是决定
性的因素。

目　录

▲ 暂时失利的商人，只要谨慎、耐心地付出努力，即使看似已经走投无路，也能绝处逢生，但有两个必要因素：首先，资金的投入，自掏腰包或者从他人处筹集；其次，绝对不要背离商业的自然法则。

▲ 在商场上，获得成功最基本的要素便是遵从商业法则。找到正确的方向，坚持合乎常理的运营模式。不要受眼前的利益诱惑，也不要妄想一夜暴富。不要在只能带来小小的胜利的事情上浪费时间，除非你满足于一点点的成功。

▲ 只是抱着赚钱的念头的人不会获得成功……伟大的商业领袖曾一次次地告诫我们，只有诚信经营，才能获得永久的成功，才能使人获得自信，而这也是我们所珍视并为之奋斗的真正的资本。

▲ 大萧条不会长期消磨我们的积极性。这个国家的资源也没有因为金融风暴而遭受损失。从萧条中恢复过来，我们将拥有更稳定的未来，而在商业上，和在其他事情上一样，耐心是一种美德。

▲ 对于企业而言，慈善活动确实可以带来商业效应，但其背后，源于内心的赠予精神，才是真正的价值所在。

▲ 在选择自己的职业或雇主时，先想一想：我最适合的位置在哪里？在哪里可以为世界做出最大的贡献？在哪里可以为社会创造最大的利益？抱着这样的精神选择自己的职业，那么你在成功的道路上已经迈出了重要的一步。

▲ 平白无故获得的财富通常不是福而是祸，这是我们反对投机的主要原因。

▲ 正常的情况下，一个拥有健康的身体、敏锐的思想、良好的性情的人必定能成功。

▲ 生活中对我们至关重要的事情：和孩子们保持亲密的关系，和他们谈心——孩子们将受到潜移默化的教育，并学会承担家庭责任。父亲是这样教我的，所以我也尝试着这样教我的小孩。多年来，我们经常一起查收信件。

▲ 有人会说："我不相信街上的乞丐。"我同意这种观点，我同样质疑这种乞讨的行为。但这不是逃脱责任的理由，我们仍然可以贡献自己的一份力量，改善以乞丐为代表的一些人的处境。

▲ 我们不轻信乞丐，不屈服于他们的索取，恰恰是我们必须加入并支持社会慈善机构的理由，这些机构能够做出公正而人性化的判断，区分出真正需要帮助的群体和骗取同情的无赖。

▲ 向一些本能够通过其他渠道获得资金的机构捐赠并不是明智的善行。

▲ 我承认，我坚信这（慈善托拉斯）是一个正确的方向，直到现在仍是如此。

第 1 章

一群忠实可信赖的朋友
铸就公司基石

〉〉〉 Random Reminiscences of Men and Events

这本书记录的是一些零散的、个人的回忆，所以请容我絮叨这么多小事。

回首我的一生，脑海中浮现的最清晰的画面便是我的老同事。在这里谈及这些朋友，并不是表示其他朋友对我来说不那么重要。在后面的章节中，我会谈谈我早期的朋友。

我们并不总记得和一位老朋友第一次见面时的情节或印象，但我永远不会忘记第一次见到标准石油公司现任副总裁阿基勃特(John D.Archbold)先生时的情景。

那是三十五或四十年前，当时我在全国各地考察，与生产商、炼油厂商、代理等交谈，并开始熟悉石油行业。

>>>

阿基勃特

一天，油田附近有个聚会。我到达的时候，酒店里已经聚满了石油行业人士。我看到签到本上大大的签名：阿基勃特，每桶四美元。

这个年轻的家伙热情高涨、个性十足，他在签名后面加上了他的口号"每桶四美元"，这样便没人能怀疑他的信念了。每桶四美元的口号非常耸人听闻，因为当时原油的价格远低于这个数目，这一口号果然奏效，吸引了很多人的注意——每桶四美元的价格高得令人难以置信。即使最后阿基勃特先生不得不承认原油的价格远达不到"每桶四美元"，但他始终保持着他的热情、活力和坚定的信念。

他有一种浑然天成的幽默感，在一个很严肃的场合——出庭作证时，对方律师问他："阿基勃特先生，你是公司的董事吗？"

窥见上帝秘密的人

洛克菲勒自传

"我是。"

"你在公司里担任什么职位？"

他立刻回答："赚分红啊。"他的回答将学识渊博的律师们吸引到另一个问题上。

我一直都惊叹于他工作的努力。我现在不常见到他，因为他手上有很多重要的工作，而我则像个农夫一样，远离喧嚣的商界，每天打高尔夫，种树；但我还是觉得很忙，时间不够用。

提起阿基勃特先生，不得不提一下，我得到了标准石油公司很多的信任。我很荣幸可以联合那么多有能力的人，现在他们都是公司中举足轻重的人物。我与他们共事多年，但真正让公司挺过难关的人是他们。

我大部分的同事都是多年以前结交的，到了现在这个年纪，经常都是一个月不到（有时我甚至觉得是一个星期不到）便收到一位同事的讣告。最近我计算了一下已经去世的老同事，还未算完，发现已经有60多位了。**我的同事是忠实、真诚的朋友。我们一起经历了无数困难和考验。我们曾**

> 我得到了标准石油公司很多的信任。我很荣幸可以联合那么多有能力的人，现在他们都是公司中举足轻重的人物。

第1章　一群忠实可信赖的朋友铸就公司基石

一起讨论、争论、斟酌，直到对问题达成共识。我们坦诚相对，同甘共苦，对此我一直深感欣慰。如果失去这一基础，商业伙伴不可能取得最大的成功。

　　让一群决心坚定、态度强硬的人达成共识不是件容易的事。我们的做法是耐心地倾听，开放地讨论，直到每个人都清楚了解彼此的想法，才告一段落，并最终决定行动的进程。在众多合作伙伴中，保守派占了大多数。这无疑是件好事，因为大企业通常只顾着一味扩张。成功人士一般都很保守，因为他们面临的风险更大。值得庆幸的是，企业中总有一些野心勃勃，勇于冒险的人，他们通常是年纪最小的，或许人数并不多，但却敢作敢为并且令人信服。

　　他们希望有所作为，并付诸行动，而且他们不介意承担工作压力和责任。我对保守派遭遇激进派的一次经历印象深刻——可以称之为激进派吗？——或者说敢于冒险的一些人。不管怎样，我是属于激进派的。

在众多合作伙伴中，保守派占了大多数。这无疑是件好事，因为大企业通常只顾着一味扩张。成功人士一般都很保守，因为他们面临的风险更大。

窥见上帝秘密的人

洛克菲勒自传

争论与资金　　　>>>

　　一位已建立宏伟家业并且事业蒸蒸日上的合作伙伴坚决反对我们提出的企业改进方案。这个企业扩展的方案将耗资约三百万美元———一个非常庞大的数目，我认为。我们反复讨论，分析了所有利弊，并且动用一切能够想到的论据，证明这一方案不仅可以让我们营利，而且对我们保持原有的领先地位至关重要。这位合作伙伴却依然固执己见，坚决不屈服，我甚至可以看到他摆出抗议的姿态，双手插在裤兜里，头向后仰，大声吼道"不行"！

　　一个人坚决捍卫自己的立场而不去考虑现实条件，是令人很无奈的事情。他已经失去了清楚的判断，他的思维此时已经停滞，只剩下固执的抵抗。我前面已提到，这个改进方案至关重要，必须得到实施。但是我们不能和我们的合作伙伴

第1章　一群忠实可信赖的朋友铸就公司基石

翻脸，尽管我们中的一小部分人已经决定无论如何要让他屈服。于是我们尝试从另一个角度说服他："你说我们没必要花这个钱？"

"完全没必要，"他说，"这么大的投资要在很多年后才能得到收益。现在没有必要建你们说的那些设施，工厂现在就运行得很好——保持现状就够了。"

我们的这位合作伙伴博学多识，经验丰富，资历老，并且对石油行业比我们一些人熟悉，这点我们都承认；但就像我所说的，我们已经决定争取他的认可，如果不行我们也愿意等。当争论渐渐平息下来，我们又聊起这个话题。我已经想到了一种新的方式来说服他。我说：

"我来承担风险，我自己出资金。如果营利了公司可以偿还我资金；如果亏损我自己承担。"

我的话打动了他。他的保留态度消失了，说：

"既然你这样说了，我们共同承担吧。如果你可以承担这个风险，我想我也可以。"

我认为，所有企业都面临着掌握发展步伐的

窥见上帝秘密的人

洛克菲勒自传

问题。当时我们发展得很快，到处大兴土木，扩展版图。我们不时面临着来自突发事件的挑战。发现新油田，几乎一夜间便必须制造出用于储存原油的油罐。旧的油田日渐枯竭，于是我们面临着双重压力，一方面我们必须放弃旧油田整套完善的设备，另一方面又必须在完全陌生的新油田附近建造工厂，担负储存和运输功能。这些都是石油贸易之所以为风险行业的原因，但我们有一个勇于冒险的团队，**在我们的理念中，企业的成功在于有效地处理风险和机遇的考验。**

我们一次次地讨论这些棘手的问题！有些人急于求成，有些人则想稳步前进。这是一个妥协的过程，但每次我们都将问题摆上桌面，逐一解决，不像激进派所希望的那么冲动，也不像保守派所喜欢的那么谨慎，但最后双方总能达成共识。

企业的成功在于有效地处理风险和机遇的考验。

009 〉〉〉

　　我最早的合作伙伴之一——亨利·莫里森·弗拉格勒(Henry Morrison Flagler)先生一直是我的榜样。他总是往前冲，尝试各种各样伟大的项目，并且一直乐观向上，公司早期的发展很大程度上应归功于他令人惊叹的努力。

　　取得像他这样成就的人，大部分都希望退休享受安逸的生活，但他的使命似乎在于孜孜不倦地奋斗终生。他独自承建了佛罗里达州东海岸铁路。他不满足于策划建造圣·奥古斯丁至西屿的铁路——铁路全线长600公里，对几乎所有人来说都可以认为是事业的巅峰了——还建立了一系列豪华酒店吸引游客到这个新开发的地区来。更为难能可贵的是，他对一切运筹帷幄，并取得了巨大的成就。

　　这个人通过他自身的干劲和资金，带活了一

窥见上帝秘密的人

洛克菲勒自传

大片国土的经济。本地的居民和新到的移民拥有了自由贸易的市场。他为千千万万人创造了工作机会；而他更为重要的成就在于完成了一项工程上的伟绩，如多年前所计划的，穿越大西洋，建造从佛罗里达礁岛群至西屿的铁路。

所有这些他都是在大多人认为已经到达事业顶峰之后做的，任何一个位于他所处高度的人都会退休享受自己劳动的果实。

初识弗拉格勒先生的时候，他的工作是为克拉克－洛克菲勒公司代销产品。这位年轻人精力充沛，干劲十足。在我们向石油行业发展的时候，他作为一名代销商，与克拉克先生在同一栋楼里工作，当时克拉克先生已经接管了克拉克－洛克菲勒公司。不久弗拉格勒便买下了克拉克先生的股份，并购了他的公司。

我们之间的接触自然地多了起来，从最初的生意伙伴的关系发展为友谊，因为生活在克利夫兰这样的小地方的人的关系比生活在纽约那种地方的人要紧密得多。当石油贸易开始发展，我们

第1章　一群忠实可信赖的朋友铸就公司基石

需要更多帮助的时候，我一下子想到了弗拉格勒先生。我诚邀他放弃委托贸易，加入我们的行列。他接受了我的邀请，并由此开始了我们终生的友谊。这是一种**基于商业合作的友谊，弗拉格勒先生说过，这种关系远远好过基于友谊的商业合作**。我后来的经验证实了他的正确性。

我们肩并肩走过了许多岁月；我们的办公桌在同一个房间。我们都住在欧几里得大道，离得很近。我们相约去上班，一起回家吃午餐，午餐后回办公室，傍晚一起回家。路上没有办公室里的打扰，我们一起思考、交谈、计划。弗拉格勒先生起草了几乎所有的合同。他总是能够清晰而准确地表达合同的目的和意图，避免产生误解，并且对签约双方公平公正。还记得他经常说，做事情必须用相同的标准考虑双方的权益，而他也正是这样做的。

有一次，弗拉格勒先生毫不犹豫地接受了一份合同，连一个问题都没问，我感到很吃惊。那次我们决定买一块地建炼油厂，当时这块地在一

做事情必须用相同的标准考虑双方的权益，而他也正是这样做的。

窥见上帝秘密的人

洛克菲勒自传

位熟悉的朋友约翰·欧文(John Irwin)名下。欧文先生在一个马尼拉信封背面起草了买卖合同。合同的条款和其他合同类似，只是有一处地方写了"南面的分界线到毛蕊花秆处"之类的。我觉得这个定义有点模糊，但弗拉格勒先生说：

"好的，约翰。我接受这份合同，但我希望将毛蕊花秆处换为合适的标桩处，这样整份文件会更加准确而完整。"确实是这样。我甚至想说有些律师可以拜他为师，学习起草合同，但可能法律界的朋友会觉得我偏心，所以我不会强求。

弗拉格勒先生另一件让我钦佩的事情是，在公司发展的早期，他坚持炼油厂不能依照当时的惯例建得很简陋。每个人都担心石油会消失，花在建筑上的钱会打水漂，所以当时的炼油厂都是用最少的资金建造的。这是弗拉格勒先生反对的做法。虽然他不得不承认油井可能会枯竭，石油贸易面临着巨大的风险，但他始终认为既然我们选择了这一行业，就必须精益求精；我们必须拥有最好的设施；所有设备都必须坚固而牢靠；必

我们选择了这一行业，就必须精益求精；我们必须拥有最好的设施；所有设备都必须坚固而牢靠；必须尽一切努力争取最大的成功。

第1章　一群忠实可信赖的朋友铸就公司基石

须尽一切努力争取最大的成功。他坚持着对高标准炼油厂的要求，似乎石油行业将经久不衰。**他坚守信念的勇气为后来的发展奠定了坚实的基础。**

今天仍在世的人回忆起年轻、乐观、真诚的弗拉格勒先生无不点头称赞。在克利夫兰收购炼油厂时他表现得十分活跃。一天，他在街上偶遇一位德国的老朋友，这位朋友曾是个面包师，多年前弗拉格勒先生卖过面粉给他。他告诉弗拉格勒先生，他已经不做面包生意了，现在建了个小炼油厂。弗拉格勒先生很惊奇，但他并不赞成他的朋友投入一笔小资金建炼油厂，觉得肯定不会成功。开始时似乎他也帮不上什么忙。但他一直记挂着这件事情，很明显这件事情烦扰着他。最后他跑来跟我说：

"那个面包师懂得的烤面包知识远多于炼石油知识，但还是想邀他加盟——否则我会良心不安。"

当然我同意了。他和他的朋友谈了一下，朋友开心地表示他愿意出售炼油厂，但要我们派个估价师去他的工厂估价，这个不是问题，但新的

窥见上帝秘密的人
洛克菲勒自传

难题出现了。面包师对我们提供的价格很满意，但坚持要弗拉格勒先生建议他收现金还是同等票面价值的标准石油公司的证券。他告诉弗拉格勒先生，如果收现金他便可以还清所有债务，免去许多烦恼；但如果买证券可以得到不错的分红的话，他想试一下，得到长期的收益。他向弗拉格勒先生提出了一个难题，开始弗拉格勒先生拒绝为他提建议，但这个德国人坚持问弗拉格勒先生的意见。最后弗拉格勒先生建议他收一半现金还债，另一半买证券。他照做了，并且慢慢买了更多的证券，弗拉格勒先生从来不用为自己的建议道歉。我相信我的合作伙伴在这件事情上所花费的时间和思考绝不亚于对待他自己的任何一件大事，而这件事情同时也可以作为考量一个人的标准。

第1章　一群忠实可信赖的朋友铸就公司基石

友谊的价值

这些老人家的故事对年轻一代来说可能没有什么吸引力，但它们并不是完全没有意义的。即使故事有些乏味，但它们可以让年轻人认识到生命的每个阶段里朋友的价值。

朋友有很多种。所有朋友都应该保持联系，因为拥有各路朋友很重要——虽然朋友肯定有亲疏之分——随着年岁的增长，对这一点的体会便越深。有一种朋友，在你需要帮助的时候，总是恰好不能帮忙。

"我不能借款给你，"他说，"因为我和合作伙伴之间有协议。"

"我非常愿意帮你，但这个时候确实不方便。"诸如此类。

我的意思并不是指责这种友谊。有时候是性格使然，有时候朋友只是心有余而力不足。我的

朋友中这一类是比较少的，大部分都属于为朋友两肋插刀的类型。我记得有一位朋友，从第一次见面起便对我十分信任。他的名字是哈克内斯（S.V.Harkness）。

有一次，一场大火将我们的石油仓库和炼油厂在几个小时内夷为平地。虽然可以向保险公司索赔几十万美元，但我们仍担心索赔这么大的数目会耗费很多时间。工厂必须马上重建，资金的问题亟待解决。哈克内斯先生对我们的生意颇感兴趣，于是我对他说：

"我可能需要向你借些钱。我不知道最后是否需要，但想先跟你提一下。"

他听到了我的话，并没有多问什么。他是个沉默寡言的人。

他只说："好的，我会尽我所能帮助你。"但回到家，我的烦恼解决了。在建筑商要求我们付款之前，我们收到利物浦伦敦环球保险的全额赔款。虽然不用向他借款，但我永远不会忘记他在危难之时慷慨真诚的帮助。

第1章　一群忠实可信赖的朋友铸就公司基石

我很幸运地遇到许多这样的朋友。在创业早期我是个大债主。公司发展很快，需要大量的资金，而银行总是慷慨地为我提供贷款。火灾带来一些新的状况，我开始分析眼前的情形，考虑我们的现金需求量。我们开始重视应急资金的储备。

也在同一时期，有另一件事情证实了患难见真情的道理，但我是在多年以后才听到了事情完整的经过。

我们曾与一家银行有众多的业务往来，我的一位朋友斯蒂尔曼·维特（Stillman Witt）先生是该银行的董事。有一次，董事会正讨论关于我们贷款的问题。为了让其他成员没有提出异议的机会，斯蒂尔曼·维特董事拿来他的保险柜，指着保险柜说：

"各位，这些年轻人信誉良好，如果他们想贷款，我希望银行毫不犹豫地借给他们。如果你们还觉得不放心，这个保险柜就是保证。"

当时，为了节约成本，我们通常采用水运的

方式运输石油，借很多钱来支付这些费用。我们已从另一家银行贷了很多款，那家银行的行长告诉我，董事会已经在过问我们的贷款，并且可能会约我面谈。我回答道，可以与董事会见面，我深感荣幸，因为我们正计划申请更多的贷款。不用说，我们申请到了贷款，但并没有人约我面谈。

恐怕我对银行、金钱和生意讨论得太多了。花费所有的时间，为挣钱而挣钱，是最无耻和悲哀的事情。如果年轻40岁，我很愿意再战商界，因为与有趣、机智的人来往是很快乐的事情。但我有众多兴趣爱好用以打发时间，所以我更愿意利用余生去完成生命中未完成的计划。

从16岁开始工作到55岁退出喧嚣的商界，我工作了很长时间，但我必须承认其间我经常有一些很棒的假期，因为有最精干的团队，最优秀的人才帮我分担重任。

我是个注重细节的人。我的第一份工作是簿记员，我对数字和论据极其看重，不管是多么细微的数据。早年，任何涉及会计的工作都会分派给我做。我有一种追求细节的热情，而这正是后来我不得不强迫自己去克服的。

在纽约波肯提克山庄，我在一栋旧房子里住了许多年。那里优美的景色让心灵得到释放，我们过着简单而平静的生活。我在那里度过了许多美丽的时光，研究美景和树木，以及哈德孙河所形成的景观效应，而那时我本应该分秒必争地投身于我的事业中的。所以我担心自己会被认为是不勤奋。

"勤奋的商人"这个词组让我想起克利夫兰一位旧识之友。他在事业上可称得上是鞠躬尽瘁了。我曾与他谈起我的一个爱好——人们称之为园林艺术，但对我来说只是设计林中小径之类的事——他觉得非常无聊。35年来，这位朋友直接否定了我的爱好，认为商人不应该将时间浪费在愚蠢的事情上。

一个春意盎然的下午，我邀请他来观赏我花园里新铺设的小径（在当时，对于一个商人来说，

我是个注重细节的人。我的第一份工作是簿记员，我对数字和论据极其看重，不管是多么细微的数据。早年，任何涉及会计的工作都会分派给我做。我有一种追求细节的热情。

洛克菲勒自传

窥见上帝秘密的人

这是一个冲动而鲁莽的提议）。我甚至还告诉他我会热情款待他。

"我来不了，约翰，"他说，"今天下午我手上有件重要的事情。"

"虽然这样，"我还在劝他，"你看到那些小径的话会很开心的——两旁的大树——"

"约翰，继续讲你的树和小径吧。今天下午有条矿砂船到，我的工厂正等着它呢。"他心满意足地搓着手——"即使错过欣赏基督教界所有的林间小径，我也不想错过看它开进来。"他为贝西默钢轨合伙公司提供的矿砂售价每吨120至130美元，如果他的工厂停工一分钟等矿砂，他便觉得正在错过一生的机遇。

正是这个人，经常遥望湖面，精神紧绷，希望看到矿砂船的影子。有一天他的一位朋友问他能不能看到船。

"看不到，"他不情愿地承认，"但它时刻在我眼前。"

矿砂业是克利夫兰最主要并且最具有诱惑性

的行业。50年前，我的老雇主从马凯特地区购进矿砂，价格是每吨四美元，再想想数年后，这个原来的园匠以每吨80美分的价格整船购进矿砂，并由此发家。

这是我自己在矿砂业发展的经历，但我将在后面再做记述。我想先提一下我坚持了30年的爱好——园林艺术。

景观路规划的乐趣 　　〉〉〉

　　我自称是个业余的景观设计师，很多人可能会感到惊奇，包括一些老朋友，我家里甚至聘请了一位非常专业的景观设计师，以确保我不会破坏我们的家。我们需要解决的问题是在波肯提克山庄寻找建房子的最佳位置。我认为我的优势在于熟悉这里的每一寸土地，每一棵参天大树都是我的朋友，我对每一个角度的风景都了如指掌——我已经研究过上百遍了；于是在这位伟大的设计师画出设计图，立下标桩之后，我问道是否能够让我尝试一下。

　　几天后，我就画出了图纸，道路的设计刚好捕捉到上山途中最惊艳的风景，路的尽头，河流在山峦间蜿蜒流淌，白云飘浮在空中，整座山庄的美景尽收眼底，这就是我所规划的路线以及房子的最佳位置。

"仔细看看哪个方案更好。"我说。令我骄傲的是这位权威人士最终接受了我的方案，认为我的规划可以展现出最漂亮的风景，并同意了房子的选址。我已经计算不出我一共规划了多少里的景观路，但我经常为此殚精竭虑。我时常开车考察路况，直到天黑完全看不到路边的标桩和标记。与大家谈论这些事情有点自吹自擂，但或许它们可以为我的故事增添一些趣味性，我的故事中，生意部分占了太大的比例。

　　我做生意的方式与同时期一些卓有成就的商人不同，同时也让我更自由。即使在标准石油公司的事务转移到纽约之后，我仍在克利夫兰的家里度过大半时间，直到现在仍是。在必要时我会去纽约，但基本上我都是通过电报处理事务，其他时间用于发展自己的兴趣——例如，规划景观路，培植森林和花苗。

　　在所有营利的项目中，我认为收益最丰厚的是我们新开发的苗圃。我们在每个地方都保留了账本，不久前，我查看将幼树从威斯特郡迁移到

新泽西州木湖市的记录，惊奇地发现了植物的升值空间。我们种下上千棵幼树，大部分是常绿树——我认为我们甚至可以种下上万棵，让它们自由生长，用于日后的种植计划。如果我们将幼树从波肯提克山庄迁移到木湖市的家里，我们自己做自己的客户，按市场价计算，波肯提克山庄买入时的价格是每株5到10美分，但木湖市买入的价格可达到1.5到2美元。

种植业和其他行业一样，大规模的投资容易彰显优势。种植、迁移大树一直给我带来快乐和满足感——我所指的大树是直径在10到20英寸之间，或者是更大的。我们建造自己的挖树机，培养自己的工人，树木将完全受你的支配，只要你学会怎么与这些精灵相处。我们迁移过90英尺高的树，其他大部分是70至80英尺的。当然这些都不是幼树了。我们曾经尝试过各个种类的树，包括一些专家指出不能成功迁移的。最大胆的试验要数马栗了。我们远距离运输大树，有时甚至在它们开花之后，每棵树的运输成本是20美元，大

部分都能营利。我们做得很成功并且越来越大胆，甚至尝试了不合季节的植物，结果非常令人满意。

我们尝试了数百种应季及不应季的植物，总的损失在10%以内，接近6%或7%。每一个季节树木迁移的失败率大概是3%。有时一些大树的生长可能会延迟两年，但这是小问题，因为青春已逝的人们希望立刻达到他们想要的效果，而现代的挖树机可以帮他们达成梦想。我们曾将大丛的云杉分类、排列，以达到我们想要的效果，有时候覆盖了一整片山坡。我们从未成功迁移过橡树，除非是在它们比较小的时候，而且我们从不在橡树和山胡桃树接近成熟的时候对它们进行迁移；但我们曾经成功迁移了椴木，甚至连续三次迁移都未损伤树木。桦树有点麻烦，但除西洋杉之外的常绿树几乎都能成功移植。

我对园林规划的热情由来已久。当我还是个小孩的时候，我曾经想砍掉餐厅窗外的一棵大树，觉得它挡住了窗外的景色。我想砍掉它，家

里有些人反对，但是亲爱的妈妈是支持我的，因为有一天她说："我的儿子，我们八点吃早餐，如果在这之前树就已经倒了，大家看到了曾经被遮住的美景，就不会抱怨了。"

于是我将妈妈的这番话付诸行动。

我退休后的生活

6:30	起床
7:00~8:00	看报
8:00~8:30	早饭
8:30~8:45	聊天
8:45~10:00	处理业务事项
10:00~12:00	打高尔夫球
12:00~13:15	洗澡和休息
13:15~15:00	午饭并玩数字游戏
15:00~17:00	坐汽车散心
17:00~19:00	休息、听别人读书报
19:00~22:00	晚饭，玩数字游戏，听侍从演奏音乐
22:00	就寝

第1章　一群忠实可信赖的朋友铸就公司基石

>>>

第 2 章

获取财富是一门艺术

$\rangle\rangle$ Random Reminiscences of Men and Events

家庭教育　　　　　　　　　　〉〉〉

父亲教会我许多实用的技能。他曾就职于不同的企业；以前他时常跟我讲他工作上的事情，教我做生意的原则和方法。还很小的时候我就有了个小本子，我记得我叫它"记账本A"——这个小本子我至今还保留着——里面记录着我的收入和支出，以及定期捐出的小数目的款项。

一般来说，在中等收入的家庭里，家人的关系更加密切，家庭成员需要共同处理的家庭事务更多，不像富有的人家，什么事情都可以由用人代劳。我很幸运地出生在前一种家庭。七八岁时，我在妈妈的帮助下做起了人生的第一笔生意。我养了一群火鸡，妈妈给我一些牛奶的凝乳作为饲料。我自己照顾它们，养大之后将它们卖掉。我的记账本中只有收入，因为没有什么需要支出的，不过每一笔收入我都一丝不苟地记下，

写得清清楚楚。

我很享受这种小经营。时至今日，闭上眼睛，我仍可以清晰地看到一群火鸡优雅地沿着小溪踱步，或是安静地穿过丛林，小心翼翼地挪向它们的窝。时至今日，我仍很喜欢火鸡，并且一有机会便花时间研究它们。

母亲对我们管教严厉，我们一有变坏的苗头她便用桦树条伺候。有一次，我由于在学校里捣蛋回家受到了惩罚。一顿鞭打之后，我突然想起其实我是无辜的。

"没关系，"妈妈说，"这次打都打了，可以用来抵消下一次，下次你犯了错就不用打了。"很多时候，妈妈还是比较公正的。我记得有一天晚上，我们几个男孩子忍不住诱惑，跑出去溜冰，而之前大人已经明令禁止我们晚上溜冰。我们还没开始溜，就听到了求救的呼声，接着发现有一个邻居掉到冰下溺水了。我们把一根长杆伸到冰下，成功地搭救了他。他的家人对此感激不尽。虽然并不是每一次偷偷出去溜冰都会救人一命，但我和我的兄弟威廉一致认为，我们违抗指令是情有可原的，即使是误打误撞做的好事，我们也是功不可没。后来证明我们的想法是错误的。

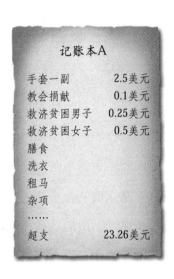

记账本A

手套一副	2.5美元
教会捐献	0.1美元
救济贫困男子	0.25美元
救济贫困女子	0.5美元
膳食	
洗衣	
租马	
杂项	
……	
超支	23.26美元

第2章　获取财富是一门艺术

开始工作

16岁时，我正在上高中，即将完成中学的课程。家里人原来计划送我去读大学，但后来还是决定先让我去克利夫兰的商业学校上几个月，那里教授簿记和一些商业贸易的基本原则。这些训练虽然只进行了几个月，但对我而言非常珍贵。但是怎么找到工作——这是个问题。我走遍大街小巷，问商人和店主需不需要雇人，但都遭到了拒绝。没有人愿意请一个小孩，有些人甚至没有什么耐心跟我说话。最后克利夫兰码头有一个人跟我说吃完午饭去他那里。我欣喜若狂，心想终于可以开始工作了。

我很紧张，生怕失去自己好不容易争取到的机会。终于，时间差不多了，于是我来到我未来雇主的公司。

"我们将为你提供这个机会。"他说，但丝毫没有提到薪酬的问题。这一天是1855年9月26日。我兴致勃勃地上岗了。公司名叫赫维特－塔特尔。

在工作上我有一些优势。正如我前面所提到的，父亲的训练非常实用，商业学校的课程也教会了我商业贸易的基本原理，为我打下了一定的基础。同时，我很幸运地跟随一位优秀的前辈学习，他勤勤恳恳，兢兢业业，并且对我十分热情。

转眼到了1856年。塔特尔先生给我50块钱作为三个月的工钱。当然这是我应得的，我感到很满意。

第二年，我的月薪是25块，还是做原来的职位，学习公司的业务细节和做一些文书工作。我们公司的主要业务是代理、批发和运输农产品，我所在的部门是做账的。我的上司是公司的总簿记员，加上分红，他的年薪是2000块。第一年年底，他离开了公司，我接任了他的文书和簿记工作，我的年薪是500块。

回首这段学徒生涯，我感触良多，这段生活对我后来的发展产生了深远的影响。

第2章　获取财富是一门艺术

首先，我的工作地点就在公司里。他们讨论问题、制订计划、做出决策的时候，我几乎都在现场。于是我比同龄的男孩子多了一些优势，而实际上，他们可能比我反应更快，计算和书写也强于我。公司业务众多，所以我所受的教育也很多样化。公司旗下有住宅、仓库、办公楼等供出租，而我则负责收租金。我们通过铁路和水路运输货物，经常需要进行各种各样的谈判和交易，而这些都是我必须密切跟进的。

和今天很多职员的工作相比，我的工作要有趣得多。工作对我来说完全是一种享受。渐渐地，我掌管了所有账目的审计。所有账目都必须先由我过目，而我也一丝不苟地履行着自己的职责。

我记得有一天，我在邻居的公司里，正好遇到当地的一位铅管工来收账。这位邻居事务非常繁忙，我总感觉他所拥有的公司不计其数。他瞥了一眼账单，就对簿记员说：

"请付钱给这位先生。"

我的铅管工也是同一位，**我自己每次都是认**

真地检查他的账单，仔细核对每一项收费，即使是一分一厘也要替公司节省下来。我做事情从来都不会像我的邻居这么随便。我的想法跟今天许多年轻人一样，那就是，这些账单将使老板钱包里的钱流进别人的口袋，我必须认真核对，必须比花自己的钱更小心谨慎。而像我邻居那样做生意，我确定是不会成功的。

整理账单、收租金、计算索赔金额等工作让我接触到各种各样的人。我必须学会怎么和不同的人打交道，并协调好他们与公司的关系。谈判的技巧非常重要，我竭尽所能地争取圆满的结果。

例如，我们经常接收从佛蒙特州运到克利夫兰的大理石，这些大理石一般经铁路、运河、湖泊三程运输。运输过程中出现的货损货差须由三个承运人共同承担，而三方承担的责任大小是事先约定好的。对于一个17岁的男孩子来说，如何处理好这个问题，让所有相关方，包括我的老板满意，确实需要费一番脑力。但我一点都不觉得这个任务有难度，我记得我从未和承运人有过任

第2章　获取财富是一门艺术

何纠纷。在易受外界影响的年龄，处理所有这些事务，遇到紧急情况时可以向前辈请教——这些经历对我来说弥足珍贵。这是我学习谈判艺术的第一步，后面我将更深入地谈谈这一点。

尽心尽责地工作并从中得到锻炼，我感到受益匪浅。

我那时的薪水还不及今天同等职位人员的一半。第二年公司付给我700块，但实际上我是应该得到800块的。四月份的时候公司还没有给我一个满意的说法，而当时正好有一个比较好的机会，可以自己做生意，我便辞职了。

在当时的克利夫兰，大家几乎都是互相认识的。有一个叫克拉克（M.B.Clark）的商人，比我大十来岁的样子，当时想开家公司，正在寻找合伙人。他有2000块的资金，要求他的合伙人也出同样的钱。这对我来说是个很好的机会。我已经存了七八百块钱，但怎么解决剩下的钱还是个问题。

我和父亲商量了这件事，他告诉我他本来打算每个小孩21岁的时候都给1000块钱。他说如果

窥见上帝秘密的人

洛克菲勒自传

我想当时拿的话，他可以预支给我，但是在满21岁之前，我必须付这笔钱的利息。

"但是，约翰，"他补充道，"利率是10%。"

当时，年利率10%是很平常的。银行的利率可能不会这么高，但金融机构当然不可能满足一切需求，所以民间也有很多放高利贷的。因为急需这笔钱入股，我欣然接受了父亲的提议，成为公司最初的股东，我们新成立的公司名叫克拉克－洛克菲勒。

自己当老板很过瘾。我得到了极大的满足感——我是一家拥有4000美元资金的公司的大股东！克拉克先生负责采购和销售，我负责财务和账款。我们的生意很快红火起来，自然也就需要越来越多的资金来拓展业务。资金从何而来？唯一的办法便是尝试从银行贷款，但银行会借给我们吗？

第2章　获取财富是一门艺术

第一笔贷款

　　我去找一位相识的银行行长。我清楚地记得自己有多么渴望得到那笔贷款，并且极力地给这位银行家留下好印象。这位银行家叫汉迪(T.P. Handy)，是一位友好、温和的老先生，性格出了名的好。50年来他帮助了许多年轻人。我在克利夫兰上学的时候，他就认识我了。我向他介绍了公司所有的信息，坦诚地向他讲述了我们的业务内容——我们将把钱用在何处等等。之后，我诚惶诚恐而又满怀期待地等候他的裁决。

　　"你需要多少钱？"他问。

　　"2000块。"

　　"好的，洛克菲勒先生，我们借给你，"他回答道，"只需要给我你们的仓库收据就可以了。"

　　离开银行的时候，我简直喜不自禁。我高昂着头——想一下，银行借了2000块钱给我！我觉得自己现在是个举足轻重的人物了。

　　从此，汉迪行长成了我的朋友；他在我需要资金的时候贷款给我，而我几乎每时每刻都需要资金，并且是需要他所有的资金。后来，怀着感激之情，我推荐他买一些标准石油的股票。他表示他也想买，但当时没有足够的钱，于是我提出借钱给他。后来他拿回了本金，并得到了相当可观的收益。经过这么多年，他仍然对我如此信任，我实在备感荣幸。

记账本B

工作第一年投资在一笔猪油和猪肉生意上的收益：

父亲　　　　27.24美元
母亲　　　　6.59美元
威廉弟弟　　8.7美元
自己　　　　159.39美元

第2章　获取财富是一门艺术

恪守商业原则

汉迪先生之所以信任我，是因为他相信我们会谨慎而恰当地管理我们新成立的公司。我清楚地记得当时发生的一件事情，这件事情正好说明了有时候，坚守自己认为正确的商业原则是多么难。公司刚成立不久时，我们最重要的客户——也就是货运量最多的客户——要求我们在拿到提单之前提前放货给他。我们当然希望可以满足这个重要客户的要求，但是，作为公司的财务人员，我拒绝了，虽然我很担心我们将失去这个客户。

情况似乎很严重。我的合伙人很不耐烦，不明白为什么我不愿意妥协。在这种尴尬的状况下，我决定亲自去拜访客户，看看能不能说服他。通常，与别人面对面接触时，我总能幸运地赢得他们的友谊，而合伙人的不满也激励着我背水一战。我觉得，和这位先生见面之后，我可以

窥见上帝秘密的人　洛克菲勒自传

让他相信他的提议将带来严重的后果。我的说理（我自己在脑海中演练了一遍）具有很强的逻辑性，足以令人信服。我去见了他，摆出了所有精心设计的论点论据。然而他大发雷霆，最后我还是惭愧地向我的合伙人坦白我失败了。我完全没有达到我的目的。

自然地，我的合伙人很担心失去我们最重要的客户，但是我坚持我们必须坚守自己的原则，不能答应货主的要求。令我们惊讶和感动的是，这位客户继续和我们保持合作，似乎什么事都没发生过，也再没提起过提前收货的事情。后来我得知这位客户在诺瓦克有一位关系紧密的银行家朋友，叫约翰·加德纳（John Gardener），一直在密切关注着这件事情。直到今天，我仍认为是加德纳建议我们的客户用这种方法考验我们，看看我们是否会违反自己的原则。而他的关于我们公司坚守商业原则的故事也为我们带来许多商机。

差不多在这个时候，我开始自己出去寻找商机——这一部分的工作我之前从未尝试过。我几

第2章　获取财富是一门艺术

我开始自己出去寻找商机——这一部分的工作我之前从未尝试过。我几乎拜访了附近所有与我们所从事的业务有一点联系的人，也走遍了俄亥俄州和印第安纳州。我认为最好的方法是先简单介绍我们的公司，而不是急于推销我们的服务。

乎拜访了附近所有与我们所从事的业务有一点联系的人，也走遍了俄亥俄州和印第安纳州。我认为最好的方法是先简单介绍我们的公司，而不是急于推销我们的服务。我告诉他们我们是经营农产品贸易的克拉克－洛克菲勒公司，我没有任何扰乱他们目前经营方式的意思，但如果有机会的话，我们愿意竭诚为他们提供服务，等等。

振奋人心的是，我们很快便接到了很多生意，几乎有点应付不过来了。公司成立的第一年，我们的销售额达到了50万美元。

然后，或者更确切地说是在之后的很多年里，我们不断地需要资金来维持和拓展业务。成功接踵而来，每天晚上睡觉之前，我都要对自己说：

"现在只是小小的成功，很快你就会摔跟头，很快你就会跌倒。只是开了个好头，你就以为自己是多么了不起的商人了吗？小心点，不要昏了头——一步步来。"我相信，这些与自己的对话对我的生活产生了深刻的影响。我担心自己不能守住成功，于是不断地提醒自己不要得意忘形。

我向父亲借了很多钱。我们在金钱上的关系对我来说是种无形的压力，也并不像现在回过头看时这样轻松。他时不时会跟我说如果生意上需要钱他可以借一些给我。资金对我来说一直很紧缺，所以我很感激父亲这样做，即便是要付10%的利息。然而有时他会在我资金最紧缺的时候跟我说：

"儿子，我现在急需用到那些钱。"

我会说："当然，应该的，我马上还给你。"但我知道他并不是真的需要钱，我还给他之后，他只是把钱原封不动地存起来，然后过段时间再借给我。我承认这点小小的约束对我可能有帮助，但我并不是非常喜欢他通过这种方式考验我的经济能力，看我能否承受住突如其来的打击，当然，这一点我从未对他提起过。

第2章　获取财富是一门艺术

10%的利率

　　向父亲贷款的事情让我想起了早年，人们经常讨论贷款利率应为多少的问题。很多人抗议说10%简直是暴利，只有丧尽天良的人才会收如此高的利率。但我认为这么高利率的贷款是物有所值的——如果贷款不能带来更大收益的话，没有人会多花10%、5%、或者3%的钱贷款。当时我一直是借钱的一方，但我从来不会质疑利率过高。

　　我曾和别人进行过无数热烈而持久的讨论，其中和一位房东太太的讨论让我印象深刻。她是我和威廉上学时寄宿的房东。我很喜欢和她谈话，她是个能干的女人，也是个优秀的演说家。她每周收我们的食宿费才一块钱，但把我们照顾得很好，所以我更喜欢她了。当时，在一些小镇里，食宿费基本上都是这个价格，所有食品几乎都是寄宿家庭自家种的。

窥见上帝秘密的人　洛克菲勒自传

这位可敬的女士强烈反对放高利贷的行为。我们经常讨论这个问题。她知道我经常向父亲借款，并且利率是10%。但就算我们讨论得再多，利率也不会因此而下降，利率只有在现金十分富足的情况下才会下降。

我发现，在商业问题上，公众的意见很少会受既有的经济理论影响——匆忙制定的条规条例并不能够提高公众的认知。

现在的人们很难想象当时为企业筹集资金是一件多么困难的事情。在西部一些边远的地区，甚至有人放更高利率的贷款，而这些贷款通常都由个人承担风险。今天的商业环境与过去相比已是大不相同。

借条

借老洛克菲勒1000美元，年利率为10%。

047 〉〉〉

反应迅速的贷款人

　　提起向银行贷款的事情，我想起一次最艰苦的贷款经历。我们要买下一家大型企业，需要几十万美元的现金——不能用证券代替。我大约在中午接到消息，而三点前必须完成任务。我开车去了一家又一家银行，见了我所能找到的第一个人——行长或者是出纳员，请求他们尽最大的可能出手相助。我让他们先准备好现金，我稍后来取。我去了市里所有的银行，又再兜了一圈到各家银行取现金。就这样，我终于在三点前筹集到足够的资金，完成了交易。在那些日子里，我是个停不下来的旅行者，每天忙于视察工厂，开发新客户，拜访老朋友，制订计划拓展我们的业务——而这些经常都要求高效率地工作。

筹集教会资金　　　〉〉〉

十七八岁的时候，我被选举为教会的理事。我所在的是教会的分会，我经常听到主堂的会友评论我们的教会，似乎我们办得没有主堂好。这让我下定决心为自己争一口气，向他们证明我们可以自力更生。

我们的教会不大，但有抵押借款2000美元，这对教会来说是件不光彩的事情。

债权人很早之前就要求还款，但却几乎连利息也收不回。终于他威胁说要把教堂卖掉。这位债主是教会的·位执事，尽管如此，他仍然决意要回他的钱，或许他真的急需。总而言之，他提出要卖掉教堂，要回他的钱。这件事情的结局是，一个周日上午，牧师在讲坛上宣布，这些钱教会将向会友们筹集，否则我们将失去教堂。于是，我开始站在教堂门口，向前来做礼拜的会友募资。

有人过来时我便拦住他，说服他捐款帮助教会渡过难关。我言辞恳切，百般劝说。有人答应捐款后，我便把他的名字和捐赠的金额记在我的小本子上，然后继续向下一个人募资。

这次募资从牧师宣布的那个早上开始，一直持续了几个月。捐款有几分钱的，也有慷慨的，每个星期捐25分或50分的，通过这些小小的款项筹集2000美元，是个非常了不起的工程。**这个计划深深地吸引了我。我全力以赴地筹集资金。这件事情以及其他类似的活动燃起了我最初的赚钱的欲望。**

最后，终于筹集到了2000美元。还清贷款的那天，我们都觉得扬眉吐气。我希望让主堂的人刮目相看，自惭形秽，但现在回想起来，我并不记得当时他们有多吃惊。

在那个时候，筹募资金，完成自己的任务对我来说是件有趣的事情，是一种骄傲，而不是羞耻。这件事情我一直做了下去，直到肩上的担子和身上的责任越来越重，无暇顾及琐事的时候，才让别人代劳。

筹募资金，完成自己的任务对我来说是件有趣的事情，是一种骄傲……

>>>

第 3 章

标准石油：世界上最简单的
经营哲学

》》》 Random Reminiscences of Men and Events

在一个机构庞大的企业中，如果没有一两个特立独行的人，那是很不正常的。这些人在工作或者生活中，总有一些颇受非议的地方。即使在相对小的企业里，也难免有这样的人，仅从这些人来判断所有企业成员的性格或者整个企业的文化，很明显是不公平的。

有人传言我的合伙人都是受我的强迫才加入标准石油公司的。我还不至于如此目光短浅。如果我确实采用了这种策略，这些人还会成为我终生的朋友吗？他们还会甘愿长年留守在公司的重要职位吗？如果他们如此软弱可欺，我们怎么可能形成这样一个强大而和谐的团队？怎样营造出平等、高效、团结的氛围？我们这个团队不仅生存了下来，而且越来越强大。14年来，我几乎完全不参与公司的经营了。近十年来，我只去过一次公司的办公室。

1907年夏天，我再次来到了标准石油公司最

第3章　标准石油：世界上最简单的经营哲学

顶层的房间，这是多年来公司的管理层共进午餐的地方。令我惊奇的是，很多我上次来时还是**小职员的人如今已成长为公司的中坚力量。午餐后我与许多新老同事进行了交谈，我欣喜地发现那种合作与融洽的氛围依旧没有改变。这种一百多人亲密无间地坐在长桌子旁共进午餐的做法是我一直提倡的，**虽然乍一想似乎是很微不足道的事情。如果这些人是被迫联系在一起的，他们还会日复一日地与对方相处吗？这种处境的人是不会保持如此长期友好的关系的。

标准石油公司一步步发展壮大，以越来越低廉的价格为人们提供石油产品。它的服务最先覆盖中心城市，随后延伸至城镇和更小的地方，遍及每家每户，为用户带来便利。标准石油的服务遍及全球。例如，公司有三千辆油罐车，将美国石油源源不断地输送至欧洲的乡镇村庄。在日本、中国、印度以及其他一些主要国家，也有类似的服务网络。这一切靠的都是我们的辛勤劳动。

窥见上帝秘密的人　洛克菲勒自传

直接向消费者销售产品的策略以及公司的迅速发展引发了一些对立情绪，这一点我认为是不可避免的。但据我所知，直销产品的做法后来被其他许多行业效仿，却并没有带来强烈的反对的声音。

　　这种现象很有趣，我经常想，之所以所有矛头都对准了我们，只是因为我们是第一个吃螃蟹的人，只是因为我们最先开始大规模采用产品直销的模式。但我们始终本着公平的原则，充分考虑每个人的权益。我们并不是无情地抢占竞争对手的市场，通过扰乱市场价格或利用间谍系统将对手逼进绝境。我们只是为自己设定了目标，以求最快速最广泛地扩大石油的消费量。让我来描述一下具体情况吧。

　　为了在石油行业中赢得优势，我们尽了最大的努力开拓市场——我们需要扩大消费量。于是我们必须开发出新的销售渠道；我们必须卖出比以前多一倍、两倍甚至三倍的石油，而靠传统的销售渠道是无法达到这个目标的。我们从未故意

第3章　标准石油：世界上最简单的经营哲学

侵入其他石油商人的领地，但如果**发现新的商机，我们会不遗余力去争取**。于是我们开发了很多其他人也在经营的业务。随着公司的发展，我们不断需要新人加盟，特别是一些管理职能的职位。当然，**聘用高层管理人员最好的方法就是从公司内部的年轻员工中选拔**，但我们的发展太快，有时来不及这样做，只能从外部招聘。在这些新招聘的员工中，有些人为了增加销售额，不惜采用一些极端的方式，这不足为奇，但他们的行为已经有悖于公司的理念与价值观。虽然这些案例在公司众多的业务往来中只是沧海一粟，但它们也正好证明了我在本章开头提到的规律。

许多年来，标准石油每个星期便为这个国家创造一百多万美元的财富，全部都是通过美国人民的劳动生产出来的产品。我为这一记录感到骄傲，同时，我相信大部分美国人也会和我一样为此感到骄傲，当他们更加了解一些事情的真相的时候。

这些成就、这一外贸行业的发展、运营船舶

我们是第一个吃螃蟹的人，只是因为我们最先开始大规模采用产品直销的模式。但我们始终本着公平的原则，充分考虑每个人的权益。我们并不是无情地抢占竞争对手的市场，通过扰乱市场价格或利用间谍系统将对手逼进绝境。我们只是为自己设定了目标，以求最快速最广泛地扩大石油的消费量。

以便通过最经济的方式批量运输石油、派遣员工开发世界市场，所有这些都需要大量的资金。除了今天的标准石油，没有任何其他公司可以筹集或掌控如此庞大的资金。

当时，石油行业被认为是一个危险的行业，有点类似今天受众人热议的煤矿业。我有一位杰出的老朋友——托马斯·阿米塔格(Thomas W. Armitage)牧师，40年来一直在纽约的一个大教堂担任牧师。他曾告诫我，扩建工厂是一个愚蠢至极的决定。他认为我们的公司前途渺茫，石油供应非常有可能面临衰竭，需求将下降。他，以及其他许多人，有时候我甚至觉得是所有人，都认为我们将一败涂地。

我们从未想象过会获得今天的成功。**我们勤勤恳恳地工作，设定目标，把握机遇，每一步都走得坚实而沉稳**。正如我前面所提到的，资金是最难解决的问题，而这一冒险行业很难吸引保守的投资者。有财力的人不敢触及，虽然他们有时候会为我们提供一定限度的支持。他们会时不时

第3章　标准石油：世界上最简单的经营哲学

尝试买一些我们的股票，但我们也深知，新股上市时，他们总会用各种漂亮的托词拒绝购买。

作为一个新兴而创新的企业，公司的成功时常受到一些股权人的怀疑，于是我们不得不经常清算存货以维持运营，但我们对公司的根本价值充满信心，所以愿意承担风险。总有这样一些人，为了心中的信念孤注一掷。如果失败了，他们将被列为不切实际的空想家行列，而有时确实也是这样。

公司六万名员工年复一年地辛勤工作。去年经济不景气，但标准石油仍然能够继续实施之前的计划，新工厂和楼房也没有因为资金短缺或经济困难而延误工期。她支付令员工满意的薪酬，在他们生病时送上关怀，在他们屡老时提供津贴。标准石油从未发生过大规模的罢工。**一个企业，无论兴衰，都最先保障员工的福利，我不知道还有什么比这更好的企业管理方法了。**

另外值得一提的是，我们这只所谓的"章鱼"（当时，许多专门揭人隐私的文人将托拉斯企业标准石油公司称为"章鱼")在资金管理上没有任何"水分"(可能是因为我们觉得水和油不相溶);在这些年里,也没有任何人被标准石油欠过债。我们经历过大规模的裁员和亏损,但从未在公众的债券和股票上做手脚;我们从未使用过银团包销或者任何形式的股票抛售的策略,并且,在国家需要的时候,我们都会响应号召资助新开发的油田。

人们经常说标准石油挤垮了其他竞争者。这是很无知的见解。企业总是面临着成百上千的竞争者,过去、现在、将来都是如此。企业想要得以生存发展,只能依靠妥善的管理、良好的经营以及旺盛的活力。稍微谈一下竞争吧:先不提炼油工业上的竞争,就连石油副产品制造和贸易上的竞争也是非常激烈的。而最激烈的竞争或许是在外国市场上了。标准石油一直在与俄国的石油产品抗衡,抢占欧洲、缅甸和印度的市场。在这些国家里,我们面临着重重困难:高关税、本地市场的偏见、奇怪的风俗习惯,等等。在很多国

第3章 标准石油:世界上最简单的经营哲学

家——比如中国——我们必须手把手教会当地的人民用油点灯；在世界上最偏远的地方，我们用骆驼运输石油，或者通过人工搬运；我们不断地改进自己的产品，以适应各种各样的需求。每次我们在外国的土地上成功地打下市场，便意味着财富输入我们的国家；而每次我们失败了，则意味着我们的国家和我们的劳动人民遭受损失。

位于华盛顿的美国国务院为我们提供了莫大的支持。我们的大使、公使和领事在标准石油进入海外市场的道路上频频向我们伸出援手。

标准石油发展迅速，实现了许多伟大的计划。于是，在退休14年后的今天，我可以如此坦诚而激动地谈论这一切。

标准石油的发展从来都不是一帆风顺，她的成功也不是属于个人的，而是属于一个齐心协力共谋发展的优秀团队。如果公司的管理层降低标准，放松对产品质量的要求，也不懂得善待客户，公司怎么可能生存下去？ 即便是偶然获得成功也将只是昙花一现。一些有关标准石油的报道会让人误以为在这样一个占绝对垄断地位的企业里，管理人员什么都不用干，只需要聚在一起分红就可以了。其实不然。借此机会我想向这些辛勤工作的同僚致敬，他们不仅为公司服务，而且为国家的外贸事业做出了非凡的贡献，因为标准石油超过一半的产品是销往国外的。如果公司经营不力、管理不善的话，我会抛出自己的股份，丝毫不觉得可惜。**企业的成功依靠的是最优秀、最忠诚的管理人才，优胜劣汰，强者自会到达最高层的位置。**接下来，我将会谈到标准石油的起源和一些早期的计划。

第3章　标准石油：世界上最简单的经营哲学

现代企业

　　毋庸置疑，企业集团至今仍受到公众的质疑。有时，这种质疑可以理解，因为公司有道德与不道德之分，就像人一样；但仅是因为不道德的公司的存在，就谴责一切企业集团，将其全盘否定，是十分不明智的。但企业集团的形式和性质还是保留了下来——这说明它并不是一无是处的。即使是一些小公司也在发展为企业集团，因为这是一种便利的合作形式。

　　资金的联合是一种必然的趋势，这并不会构成任何危险，只要企业集团合理运营，维护其他人应有的利益。依靠个人的力量单枪匹马求得生存的时代已经一去不复返了——这就如同抛弃先进的机器设备，回到手工劳作的时代，你会认为是一种进步吗？——在分清现状并小试牛刀之后，清醒、明智的人会接受这一现实。只需要看一看大集团的股东数量增长的速度就可以了。这意味着这些人正在成为企业集团的合伙人。这是一个好现象——企业集团的管理者会因此而产生更强烈的责任感，而人们在投资之前也会先公正地了解事实，而不是一味地谴责或攻击。

我时常在工业生产联合化的问题上表达自己的看法；我从未改变也不惮重申我的立场，特别是现在——在这个问题重新引发公众热议的时候。

工业生产联合化的主要优势在于人员的合作和资金的累加。一个人做不了的事情两个人可以合力完成。合作，或者说产业联合是一种必然的趋势。小企业可能需要两个合伙人便足够了，但企业发展得越大，便需要越多的加盟者和资金，于是企业集团应运而生。在大部分国家里，比如英国，工业生产联合化已经发展为一种普遍的形式，但在美国却不是如此。联邦政府的制度隔离了每个州的企业，商人们只能分开处理不同州的业务，一家企业不能在各个州开设分支，而只能

工业生产联合化的主要优势在于人员的合作和资金的累加。

第3章　标准石油：世界上最简单的经营哲学

在各个州分别开设新的公司。今天的美国人已经不再满足于留守国内市场，在进军海外市场时，企业联合的形式将形成巨大的优势，特别是在一些排斥外国产品的国家里，例如欧洲。于是同一行业的企业便联合成股份制公司。

现在才讨论工业生产联合化的优势为时已晚。它是一种必然。如果美国的商人想在整个联邦通行无阻，并且进军国际市场，就必须大规模地采用这种形式。

企业集团的危险在于产业联合所形成的力量可能会被滥用，企业集团成立的目的有可能只是股票投机，而不是业务经营，为了达到这一目的，市场的价格将被提高，而不是降低。这些危险在所有企业集团中都或多或少地存在着，但如果由于这个原因而否定企业联合的形式，那就像因为蒸汽机可能会爆炸而拒绝使用一样愚蠢。蒸汽机是伟大的工业进步，并且也可以制造得相对安全。企业联合是必需的，其危险性也可以得到控制；否则就要怪我们的立法者办事不力了，无法促成工业产业上最重要的变革。

　　1899年，在工业委员会的听证会上，我曾说过，如果可以由我制定工业生产联合的法律：首先，联邦法律必须使企业集团的建立和运营合法化。其次，各州的法律尽可能统一，鼓励人才和资金的联合，以推动工业发展，同时实施政府监控；扶植工业发展，反对蒙蔽公众。今天，我仍然坚持1899年时的看法。

第3章　标准石油：世界上最简单的经营哲学

崭新的机遇：这是个最好的时代

我决不相信当今的时代会对个人造成不利的影响。我们正在进入经济上的黄金时代，未来的年轻人拥有无数珍贵的机会。我们经常听年轻一代抱怨他们的机会不如父辈和祖辈多。他们怎么可能会知道我们这辈人所遭遇的困境？在我年轻的时候，我们拥有所有未开发资源，但却不知从何入手；我们必须一步步探索前进的道路；我们完全没有前人的经验可供汲取。资金是最棘手的问题，信贷当时还是一件神秘的事物。现在我们拥有了整套完善的商业信用的体系，但当时所有事情都是杂乱无章的。我们经历了惨重的战争以及随之而来的重重灾难。

和当时比起来，今天的环境要优越一千倍。在我们的土地上有丰富的资源等待开发；我们拥有巨大的国内市场，也正在开拓国外市场——在

> 我立决不相信当今的时代会对个人造成不利的影响。我们正在进入经济上的黄金时代，未来的年轻人拥有无数珍贵的机会。
>
> 我们经常听年轻一代抱怨他们的机会不如父辈和祖辈多。他们怎么可能会知道我们这辈人所遭遇的困境？

窥见上帝秘密的人

洛克菲勒自传

其他文明程度落后于我们的地方。在东方，四分之一的人刚刚开始觉醒。当代的年轻人继承了父辈的遗产，相比之下，他们父辈的生活显得贫困交加。显然，我是个乐观主义者，但在美国未来将取得怎样的成功的问题上，我还是持保留态度。

我们必须一步步探索前进的道路；我们完全没有前人的经验可供汲取。资金是最棘手的问题，信贷当时还是一件神秘的事物。

在先天条件优越的情况下，想获得最大的收益，我们需要做的事情还有很多；而其中最重要的是在全世界建立起美国的信誉。

我希望美国的公司能够吸收更多的外国资金，希望美国人能够恪守友善、诚信的原则，这样外国投资者才不会后悔投资我们的股票。

我自己向很多家美国企业投资，但并不是管理者(只有一家企业例外，不过这家企业的分红并不可观)。像所有的股东一样，我的利益完全依赖于公司的诚信和妥善的管理。我对这些公司的管理者有百分之百的信心。

第3章　标准石油：世界上最简单的经营哲学

美国商人

很多持悲观论调的人都会评论美国商人贪婪成性，说我们是这个国家里的守财奴。**过分关注报纸上关于商人贪婪的报道是很傻的，因为报纸报道的总是一些耸人听闻的事情。**一个人按部就班的生活不足以成为报纸的噱头，只有不同寻常的事情发生时他才会被登上头条。商人只是偶尔成为公众的焦点，所以报纸上的报道并不能代表他正常的生活。这些思想活跃的人工作的目的并不只是为了钱——他们沉迷于这一职业。他们工作的热情绝不仅仅来源于积聚金钱，而是来源于更高尚的动力，就像我曾说过的，商业的标准在提高，商人也一直在追求着进步。

我决不认同以下这个观点，那就是，在我们的国家里，金钱至上。如果真是这样的话，我们应该是一个守财奴的民族，而不是舍得用钱的国

窥见上帝秘密的人 洛克菲勒自传

家。我也不会承认我们如此狭隘，竟会妒忌别人的成功。事实恰好相反：我们是最野心勃勃的国家，但一个人的成功会成为其他人的动力，而不会是招人眼红。将我们说得如此狭隘完全是一种毁谤。

提起妒忌以及金钱至上的观念，我想我们需要一些像我的爱尔兰邻居那样的幽默感。他建了一栋我们认为极其丑陋的房子，从我们的窗户望出去，房子的颜色非常刺眼。我在建筑上的品位和我的爱尔兰朋友大相径庭，于是我们决定在两栋房子中间种一些树，隔开我们的视线。另一位邻居见到这个情景，问我们的爱尔兰邻居福利先生（Mr. Forly）为什么洛克菲勒先生这样做。福利马上用爱尔兰式的幽默回答他："因为他妒忌我，他实在受不了看到我的房子这么漂亮。"

在我那个年代，人们做事情的方式与现在并没有什么不同。在大家可以调整步伐共同促进行业发展的时候，几乎所有人都认为自己的事情是与众不同的，无法与别人同步。所有已经做出或者即将做出的愚蠢的决定，所有不专业的商业计划，这些人都会辩解这对他们而言是当务之急。他就是必须将价钱降至成本价以下，扰乱行业中其他人的商业计划，因为他是如此"与众不同"。他们希望最完美的时机造就最完美的机会，但即使等到世界末日，他们也等不到这一天。而尝试说服他们放弃，经常是一件徒劳无功的事情。

还有另一种人，从来都没有完全了解自己的状况。很多聪明绝顶的人在理财方面却缺乏天分，他们的财务状况太混乱，以至于自己都不清楚生意的盈亏。**在生意不景气的时候，人们总是不愿意面对现实，理清自己的财务状况。这是做生意的大忌。从一开始，标准石油的管理者便清楚而准确地记录每项收支。我们知道自己赚了多少钱并且盈亏在哪里。至少，我们不会自欺欺人。**

我的商业理念无疑是保守的，但商业的基本原则并不会改变，有时候我会觉得现在的美国商人即使思维、反应速度、商业精神、行动力各方面都很出色，却未必已经参透商业管理最精髓的部分。我一直强调必须坦然而诚实地面对自己的实际情况：**很多人以为逃避便可以帮助他们渡过难关，但是自然法则是不可违背的，越早认清现实，处理得越好。**

人们经常会讨论薪酬以及为什么必须保证高薪酬的问题，例如，铁路工人为什么不能降薪等。**劳动者应该得到与他所付出的劳动同等的报酬。如果他的报酬高于他所应得的，很可能他是在接受救济，而这破坏了事物的平衡。**你不能逃避现实，也不能改变商业的内在规则，否则必败无疑。这些都是最简单的道理，然而也正是被许多人忽视的。这些是我们无法摆脱的现实——商人必须不断地根据外部条件调整自身。有时候我会觉得美国人经常在寻找通往成功的捷径，有时候也确实可以达成愿望；但是工作上真正的成效来自认清现状以及脚踏实地。

很多成功人士在到了退休年龄的时候也不会选择功成身退。他们不愿意赋闲，或者不愿意放弃自己毕生的追求，或者，更伟大者，他们觉得

你不能逃避现实，也不能改变商业的内在规则，否则必败无疑。这些都是最简单的道理。

第3章　标准石油：世界上最简单的经营哲学

自己应该继续为员工和合伙人创造财富，这些人是我们国家伟大的建造者。试想一下，如果所有事业兴旺的美国商人在取得一定的成功之后便安于现状，那么会留下多少未完成的事业。如果确实是这样，我也完全理解。然而，**富则兼济天下，成功意味着相应的责任，我们社会公益性机构也需要美国商人的智慧以及他们的资金赞助。**

但是，有一些人却只是独善其身，几乎没有考虑过自己的生意以外的事情。如果参与公益性筹集资金的工作，他们会首先向捐助人道歉，似乎这是一种耻辱。

"我不是乞丐。"我曾听很多人这样说。我只能回答："你这样觉得，我感到很遗憾。"

我自己一直是这样的"乞丐"，而这种"乞讨"的经历对我而言弥足珍贵，在后面的章节中，我将详细讲述。

窥见上帝秘密的人

洛克菲勒自传

第 4 章

职场：一本好念的生意经

〉〉〉   Random Reminiscences of Men and Events

当我刚刚步入成年时，克拉克－洛克菲勒的农产品贸易已经发展得如火如荼。60年代(19世纪60年代)初期，我们组建了一个公司，经营石油加工和贸易。它的创始人包括梅塞尔·詹姆斯(Messrs James)、理查德·克拉克(Richard Clark)、塞缪尔·安德鲁斯(Samual Andrews)，以及克拉克－洛克菲勒公司。这是我与石油行业的初次交锋。随着公司的发展，克拉克－洛克菲勒必须提供一笔巨大的专用资金。塞缪尔·安德鲁斯先生在公司中主抓生产，并且，他还学会了用硫酸净化原油的工艺。

1865年，公司解散了。我们决定清收现金资产，还清债务，但工厂以及公司的品牌仍有待处理。有人建议采用竞标的形式来决定所有者。我认为这种方式很公平，但还有竞标的时间以及由谁主持等问题。当时，我的合伙人的律师恰好在场，而我从未考虑过聘请法律代表；我觉得这样一个简单的交易我自己便可以处理。于是，我们当即决定进行拍卖，由律师担当拍卖人。大家一致同意，拍卖开始了。

我已经决心进军石油行业，不是把它当成副业，而是大规模地投资。安德鲁斯先生的想法也和我一样，愿意与我合作。我认为石油炼制业前景无限，但当时我并没有想到会有这么多人和我一样拥入这个市场，但我仍然信心十足。我已经准备了足够的资金，足以买下工厂和商标。而我也准备放弃克拉克－洛克菲勒农产品贸易方面的业务——这一部分后来由我的旧搭档克拉克先生接管。

我记得拍卖的起价是500美元。我先出价1000美元；他们出2000美元；接着价格一点点上涨。双方都不愿意放弃，竞拍价逐渐上升至5万美元，这个价格我们觉得已经远远超出了公司本身的价值。价格又继续上涨到了6万美元、7万美元！我开始担心我的购买能力了。最后对方出价72000美元。"72500！"我脱口而出。克拉克先生对我说：

"约翰，我不会再叫价了，这个公司是你的了。"

"我现在就付支票给你吗？"我问道。

"不用，"克拉克先生说，"我相信你，方便时付给我就可以。"

于是，洛克菲勒－安德鲁斯公司成立了，我正式涉足石油行业。在之后的40年里，我在其中摸爬滚打，直到56岁退休。

石油行业早期的历史已是家喻户晓，不需赘述了。原油净化是一种简单的生产工艺，并且最开始时利润空间非常大。自然而然，各个行业的人都投身其中：肉商、烘焙师、做烛台的工匠……纷纷开始炼油。很快，成品油便供过于求了。价格一跌再跌，这一行业面临着崩溃。石油产品的市场必须向海外扩展，而这是一个漫长而艰苦的过程；炼制工艺也亟须改进，以节约成本，降低售价，保持利润空间，并且充分利用所

有副产品。在一些工艺水平较低的炼油厂中，这些副产品是做抛弃处理的。

我们的事业刚刚起步便遇到了这些问题。在大萧条的环境下，我们开始向邻居和朋友推销我们的产品，以求在一片混乱中挽回一些订单。拓展市场、全方位地提高生产工艺，这些任务都超出了当时任何一家企业的能力范围。最后，我们得出结论，唯一的出路只能是增加资金投入，吸收优秀的人才以及先进的经验。

本着这种理念，我们开始并购最大型最成功的炼油公司，实行集中管理，以实现更经济有效的运营。公司发展得比我们所期望的更快。

这家企业，在许多有技术有能力的人的共同努力下，很快便在生产工艺、运输条件、金融状况、市场拓展等方面均赢得了领先地位。我们也曾遭遇困难与挫折；我们曾在火灾中损失惨重；原油的供应也一直不稳定。我们的计划经常不得不随着外部条件的变化而变化。我们在石油基地建立大型设施，建造储油罐，连接石油运输管

我们也曾遭遇困难与挫折；我们曾在火灾中损失惨重；原油的供应也一直不稳定。我们的计划经常不得不随着外部条件的变化而变化。

窥见上帝秘密的人

洛克菲勒自传

道；然后石油开发不出来，我们的全部工作都白
费了。充其量这只是一个投机行业，而很多次我
们都险渡难关；但我们也逐渐地学会了怎样经营
这一艰难的行业。

第4章　职场：一本好念的生意经

海外市场

几年前，有人问我我们的公司是如何发展至现在的规模的，我回答道，我们开始只是俄亥俄州的一家合营企业，后来发展为集团公司。对于一家本地的炼油公司来说，这种成绩已经算了不起了。但是，如果仅仅依靠当地市场的话，我们早就失败了。我们不得不将市场拓展至世界的每一个角落。沿海城市在发展海外市场方面拥有得天独厚的优势，我们很快便发现，在这些地方建造工厂，不仅出口便利，而且经济有效。于是我们在布鲁克林、巴约纳、费城、巴尔的摩建立了炼油厂，并配套建设了相应的子公司。

我们很快又发现，我们原先所采用的用油桶运输的方法已经不再适应业务发展的需求。包装的成本经常比石油的价格还高，并且久而久之，树木的消耗量非常大，我们国家的森林也不再能够提供那么多价格低廉的原材料。于是我们尝试开发其他的运输方式，采用了输油管道系统，并筹集到建设油管的资金。

建设输油管道必须得到当地政府的授权——在当地设立子公司也同样——就像途经各个州的铁路必须遵从各个州的法律一样。输油管道系统的完善需要巨额资金。整个石油行业都依赖于油管的运输功能。没有这些管道的话，所有油井的价值都将被削弱，每一个国内外市场都将更加难以维持，因为消费者所承担的费用将增加。失去这种运输方式，整个行业的发展将会受到阻碍。

输油管道系统还需要其他改进，例如，铁路上的油槽车，以及后来的油罐汽船的应用。所有这些都需要资金，以及相应的运营机构。

我们所走的每一步都是企业稳步发展的必经之路。只有通过一点点的进步，以及资金的大量聚集，美国今天才得以享用从她的土地里源源不断倾吐而出的财富，并且为世界带来光明。

第4章　职场：一本好念的生意经

标准石油公司的创建

1867年，威廉·洛克菲勒公司（William Rockefeller & Co.）、洛克菲勒－安德鲁斯公司（Rockefeller & Andrews）、洛克菲勒公司（Rockefeller & Co.）、哈克内斯（S.V.Harkness）、亨利·莫里森·弗拉格勒（Henry Morrison Flagler）先生共同组建了洛克菲勒－安德鲁斯－弗拉格勒公司（Rockefeller, Andrews & Flagler）。

这家公司组建的初衷是联合我们的技术和资金，形成更具竞争力的企业，实现经济有效的运营方式，取代各自为政的小本经营。随着时间的推移以及合作的可能性越来越大，我们发现需要进一步加大投资。于是我们再次筹资100万美元，创建了标准石油。后来我们发现还有更多的资金可以利用，并且找到了感兴趣的投资者。1872年，公司的资本增至250万美元；1874年，增至

350万美元。随着公司的发展以及国内外市场的相继开发，公司吸引了更多的人才和资金，并购及创建了更多公司，而我们的目标一直没有改变，那就是，通过提供最优质最便宜的产品发展壮大。

我认为，**标准石油公司的成功应归功于我们一直坚持的理念——通过质优价廉的产品维护并扩大客户群。她不遗余力地采用最先进最高效的生产方式。她广纳贤士，用最丰厚的薪酬聘请最优秀的专家和工匠。她从不吝惜放弃旧的机器和工厂，用更精良的设备和更优越的环境取代之。**她在工厂的选址上非常考究，以最大程度降低运输成本。她不仅开发主要产品的市场，而且也寻找所有可利用的副产品的市场，竭尽全力地将它们引进世界的每一个角落。她不惜花费数百万美元，建造输油管道、油槽车、油罐汽船和拖罐车，降低石油采集和配送的成本。她在全国各地的中心铁路线旁建设补给站，节约石油储存和运

第4章　职场：一本好念的生意经

输的费用。她对美国石油充满信心，并汇集了大量的资金，成就了今天美国石油的成功，抵制俄国以及其他所有石油产出国的竞争。

安全保障方案　　　　　>>>

　　以下这个例子是我们获取收益并赢得优势的方式之一。根据以往的宝贵经验，火灾是石油炼制和储存中的大敌，然而，通过将工厂分散到全国各地，我们所承受的风险减小了。我们建立起一套风险防御的系统，没有一场火灾可以将我们毁灭。我们用于应急的储备基金不会像一些将工厂建造在同一个地方或附近区域的企业一样，一瞬间便用完。我们研究并完善我们的管理制度，防御火灾，每年改进设备，调整计划，直到这一安全保障方案所产生的收益逐渐成为标准石油的主要收入之一。

　　我们的安全保障方案成效显著，火灾造成的损失得到了有效控制。这些都转化为收益，而受惠的不仅是炼油公司，还有其他许多附属企业，例如，副产品的生产商，油罐、油罐汽船、油泵

第4章　职场：一本好念的生意经

的生产商等。

我们全心全意致力于石油产品的经营。公司从未涉足其他行业，而是坚持完善现有的企业。我们培养自己的人才；其中很多人都是从少年时代便开始接受我们的训练；我们为他们提供最大的发展空间；他们可以购买公司的股票，而公司也会协助他们管理他们的股票。我们的年轻人不仅在美国，而且在世界各地，都拥有自我提升的机会；我们也欢迎从前的合作伙伴的后辈加入公司。我敢说无论在过去还是现在，标准石油都是一个忙碌而快乐的大家庭。

曾经有人问我，现在的管理层是否会经常咨询我的意见。我想说，如果他们需要的话，我十分乐意提供我的建议。但事实上，退休以来，几乎没有人向我征询意见。但我仍然是大股东，我的股份在我退出公司的管理事务之后反而增加了。

标准石油如何支付可观的分红？

让我解释一下标准石油的分红吧，有些人可

我们培养自己的人才……我们为他们提供最大的发展空间；他们可以购买公司的股票……我们的年轻人不仅在美国，而且在世界各地，都拥有自我提升的机会；我们也欢迎从前的合作伙伴的后辈加入公司。

窥见上帝秘密的人

洛克菲勒自传

能会感兴趣，但我相信也一定有些人会对此不以为然。标准石油每年有四次分红：第一次在三月，一年中最繁忙的季节此时刚刚结束，因为冬天石油的消费量远远超过其他季节；其他三次分红一般是每个季度一次。目前，公司的股本是1亿美元，分红的比例是40%，但这并不表示公司得到的收益是投资资金的40%。事实上，这是公司运营35到40年来所有储蓄和盈余累加的结果。公司的股本增倍，没有一分一毫的过剩资本或"水分"；这才是真正的价值。公司的股本翻几番，股东得到的分红也会相应提升6%至8%。

標准石油每年有四次分红：第一次在三月，一年中最繁忙的季节此时刚刚结束……其他三次分红一般是每个季度一次。……公司的股本翻几番，股东得到的分红也会相应提升6%至8%。

第4章　职场：一本好念的生意经

正常的发展

让我们来了解一下这些年来公司的财产升值的幅度。很多输油管道建造的时候，成本只是现在的二分之一。广袤的油田买入时只是未开发的土地，后来却让我们获得了丰厚的产出。公司曾购买大批被认为毫无用处的低质量原油，希望可以加以利用，随着炼油工艺的发明以及残渣的回收，这些原油的价值得到了大幅度提升。公司低价买入的码头经过开发之后成为珍贵的资源。我们还在重要的商业中心附近买下大片未开垦的土地。我们将工厂迁至这些地方，充分地利用当地的土地资源，这不仅为我们自己的产业增值，也使附近的地价比原来增长了无数倍。无论在美国还是在国外，我们总会在建造工厂的地方买下大批土地。我记得我们曾以约1000美元每英亩的价格买下一些荒地，而经过开发，那些土地的价值

充分地利用当地的土地资源，这不仅为我们自己的产业增值，也使附近的地价比原来增长了无数倍。

在35至40年间翻了四五十倍。

其他人的财产也和我们一样，得到了升值，但他们相应地将收益用于扩大投资，从而避开了我们所受到的那些指责，而我们只是本着老式保守的观念，继续进行资本积累。

这并没有什么奇怪或神秘的，所有这些都遵从商业发展的自然法则。这也是阿斯特家族(the Astors)和其他许多房地产巨头的做法。

假设一个人以1000美元的资本起家，然后将大部分收入积蓄起来，用这些积蓄逐步扩大自己的产业和投资，慢慢地，他的产业得到了升值，投资额增加到10000美元，这并不能说他的收入是由最初的1000美元的投资产出的。这同样也是资本积累的一种方式。在这里，我想再次表明我的看法，标准石油的管理者不应该遭受指责，而是应该受到表扬。在这个风险性或者说投机性极强的行业里，他们始终小心谨慎地稳住阵脚。标准石油的分红从未令股东失望，并且，越来越多的人开始购买标准石油的股票。

089 >>>

第4章　职场：一本好念的生意经

资金管理

就像我曾提过的，我们从未尝试通过证券交易所出售标准石油的股票。早年，石油行业的风险很大，如果股票在证券交易所上市的话，浮动一定会很剧烈。我们更愿意让公司的所有者和管理者全心全意地关注公司的发展，而不是将精力花费于股票投机。我们妥善地管理公司的收益。有人批评我们使用大比例分红的伎俩欺骗投资者。如果我们的股票在证券交易市场上市，又可能被批评为诱惑大众进行投资。公司采用的是稳固根基、保守经营的模式，经过早期筹集资金的艰辛以及商海沉浮的历练，我们决定充分依靠自己的资源。我们从未过分依赖金融机构的帮助，而是自己妥善地管理公司的财务，这不仅是为了保护自己的利益，也是为了在危难时刻可以向其他人伸出援手。标准石油受到了一些人的攻击，而这些人对事情的真相其实一知半解。很久之前我便退出公司的事务管理了，但我还是想说，那些挥洒汗水、将美国石油销往全球的人理应受到赞赏和鼓励。

关于标准石油从事所谓的投机活动的谣言满天飞。在这里我想提一下这个话题。标准石油感兴趣的领域仅限于石油产品以及与之相关的合法的生产事宜。她建造工厂，生产油桶和油罐；生产油泵，抽取石油；她运营船舶，用以运输石油，也拥有油罐车、输油管道等等——但丝毫没有投机动机。石油行业本身已经具备足够的投机性了，成功地经营石油公司需要坚定的行动和清醒的头脑。

公司股东的分红来自石油行业中的收益。股东们可以以他们认为恰当的方式花这些钱，公司对股东的分红绝不具备任何支配权。标准石油并没有拥有或控制什么"连锁银行"，也没有与任何银行存在任何利益关系。她与银行的关系只是正常的业务往来，与其他储户别无两样。她购买及

第4章　职场：一本好念的生意经

销售自己的股票；在漫长的岁月里，这些交易使
她的汇票为全世界所接受。

性格决定一切 〉〉〉

标准石油公司成立的初衷并不只是资本的合并，而是智慧的汇集，这是我们真正的出发点。或许我还是需要再次强调，一家企业的成功依靠的并不仅仅是资本、工厂，以及严格意义上的"物质"，人的性格、能力才是决定性的因素。

1871年后期，我们开始购买克利夫兰一些重要的炼油厂。当时的环境非常混乱，不确定性因素非常多，很多炼油厂厂主都迫不及待想摆脱这一行业。我们为这些卖家提供了两种选择：收取现金或者是换取标准石油的股票。我们很希望他们能购买公司的股票，因为在当时就算一美元对我们来说也弥足珍贵，但本着生意上的原则，我们决定还是让卖家自主选择，但大部分人都毫不犹豫地选择了现金。现金可以买到实质性的东西，而股票是否能增值仍是个问题，对石油市场

一家企业的成功依靠的并不仅仅是资本、工厂，以及严格意义上的"物质"，人的性格、能力才是决定性的因素。

第4章 职场：一本好念的生意经

复兴的可能性，他们深表怀疑。

许多年来，我们一直在收购炼油厂，在这段时间内，克利夫兰很多重要的炼油厂都纳入标准石油旗下。然而，有一些规模小一点的厂仍然坚持继续经营，不愿意像其他炼油厂一样被收购。在一些地理位置比克利夫兰更优越的炼油地，也有一些经营得非常成功的炼油厂。

收购巴克斯 〉〉〉

我们所有收购炼油厂的交易都是在公平、诚信的基础上进行的，然而许多人却将其描述为强制性的掠夺行为。例如，在收购巴克斯石油公司（Backus Oil Company）的事情上，广为流传的故事版本是，巴克斯石油公司受到了无情的剥削，而我就像从一位无依无靠的寡妇手上抢走了最珍贵的财产，而只付给她一小部分的赔偿。这个故事极具煽情效果，如若属实，这将是一个耸人听闻的残酷压榨毫无反抗能力的妇女的例子。这个故事广为流传，许多毫不了解真相的人信以为真，并因此对标准石油以及我本人深恶痛绝。

这就是为什么我要详述这件事情的原因，虽然多年来我一直避免触碰这个话题。

巴克斯（F. M. Backus）先生在克利夫兰备受尊敬，同时也是我的一位老朋友。他于1874年去

世，去世前的几年里，一直从事润滑油的生意。他去世后，他的生意由家人接管，并成立了巴克斯石油公司。1878年末，标准石油购买了这家公司的一部分产权。购买前，谈判持续了几个星期，查尔斯·马尔(Charles H. Marr)先生代表巴克斯石油公司的主要股东巴克斯夫人(Mrs. Backus)与我方的代表彼得·詹宁斯(Peter S. Jennings)进行谈判。我本人并没有参加谈判，只是这件事情刚刚开始筹划的时候，巴克斯夫人约我到她府上讨论产权购买的相关事宜，并提出希望由我本人参加谈判。我到她府上进行了拜访，但婉拒了她的要求，并向她解释我对谈判的细节并不熟悉。我建议她不需要急于行动。她担心公司的未来，比如，她说担心没有足够的油车运输石油。我对她说，虽然我们也需要油车，但她需要多少辆我们都可以借给她，在其他事情上我们也会不遗余力地提供帮助，她的生意与过去相比较并没有什么区别，一样可以做好。但是，如果经过深思熟虑之后她还是决定出卖产权，我们将会派一些熟悉润滑油市场的人与她共同协商。她表示仍然希望将产权出售给标准石油，于是我们安排了詹宁斯先生进行谈判，我所做的只是在我们的专家对巴克斯的工厂、品牌和继承权的价值进行估算之后，在总价上加上10000美元，以确保巴克斯夫人得到全额的利润。交易完成了，我们付给了巴克斯夫人协商好的价格，她对价格也十分满意。

　　然而，我所意想不到的是，一两天后，我收到她一份非常不友好的信，抱怨她受到了不公平的待遇。在调查了事情的来龙去脉之后，我写了一封回信，内容如下：

1878年11月13日

尊敬的女士：

　　您11日的来信已收悉。我已详细回顾了我们收购巴克斯石油公司的每一个谈判细节，认真反省了我是否做过任何冒犯及伤害您的事情。在我们的会面中，我确实建议过如果您愿意，可以保留一些巴克斯石油公司的股份，做些投资，但您表示一旦售出，您希望完全脱离这个行业。了解了您的意愿之后，我们便不再为您预留公司的股份，并依此做了相应安排。当您提出购买一些股份的时候，我们只能根据如上的事实做出回应，而不是您信中所提到的断然拒绝。您提到我将巴克斯石油公司的业务从您手中夺走，这对我极不公平。收购巴克斯石油公司并非出自我自身利益的考虑，我认为完全是出于您的利益考虑。大约两年前，您询问我和弗拉格勒先生是否要将股份出售给罗斯先生(Mr. Rose)，当时您急于将股份售出，并且价格比现在您所收到的金额低得多。而在我们的交易里，如果接受延期付款的话，您还可以得到更可观的收益。我们所支付的购买巴克斯产权的价格，三倍于重新建造相等甚至更好的设备的成本；但我慷慨地提出6万美元的买价，这个价格我方的一些人认为实在过高。我认为，如果重新审视您的来信，您会觉得对我做出了十分不公平的论断。我也希望您保持您的是非感。然而，考虑到您此时的感受，我现在提出如下建议，您可以收回巴克斯的产权，归还我们所投资的资金，就像从来没有进行过这场交易。

　　如果您不愿意接受这一提议，我将以买入时同等的价格为您提供100、200或300份股票。由于我们已开始在巴克斯石油公司投入资金，巴克斯石油公司的资产已增值10万美元，每份股票的价值已升至100美元。

　　您无须急于答复。我将为您保留三天的考虑时间。接受或拒绝由您决定。同时，请相信我。

　　　　约翰·洛克菲勒

　　巴克斯夫人没有接受任何一项提议。为了表明以上的叙述并不是我的一面之词，我将附上如下文件：第一份是巴克斯先生的兄弟H. M. 巴克斯先生(H. M. Backus)的来信。他一直参与巴克斯家族的生意。写这封信完全出于H. M. 巴克斯先生自身的意愿，而我也已征得他的同意将其公布。接着是参与谈判的绅士们的一些证词。我并无意宣扬信中H. M. 巴克斯先生对我的溢美之辞，但为了保证原文的真实性，避免由此引起误会，我会将信件完整地公布。

克利夫兰，俄亥俄州

尊敬的洛克菲勒先生：

我不知道您是否会收到这封信，或许您的秘书会随手将它丢进垃圾桶，然而我还是要写这封信给您，以完成我自己的心愿。如果您无法收到或者无法读到，那也不是我的过错了。从我已故的兄弟的遗孀F. N. 巴克斯夫人(Mrs. F. N. Backus)写了那封关于出售原来的巴克斯石油公司产权的无理、鲁莽的信给您那天开始，我便想写信给您，表明我对那封信件的不认可。我在巴克斯石油公司拥有一小部分股份。我和我兄弟的一家人住在一起，那天，您应巴克斯夫人之邀到家里讨论公司出售的事情时，我也正好在家。她告诉詹宁斯先生希望可以直接与您谈判。关于出售公司，最开始我是赞同的。

我和巴克斯夫人一起经历了她与罗斯先生和麦洛尼先生(Mr. Maloney)的纠纷，尽我所能鼓励她，防止罗斯先生占她的便宜。在我看来，巴克斯夫人是位出色的金融家，但她并不知道，并且没人能够说服她，使她相信她在金融方面最大的成功便是将巴克斯石油公司出售给您。她并不知道在之后的五年里，近乎疯狂的竞争将使公司走上穷途末路。欧几里得街的产业使她背负巨债，她非常有可能无法翻身。而唯一拯救了她的转机便是洛克菲勒先生的提议。她认为您从她那里掠夺了上百万的财富，让她的孩子食不果腹，渐渐地，这种想法发展成为一种病态的偏执，没有任何人可以劝服她。她在很多方面都很智慧，但在这件事情上始终太主观和片面。当然，如果可以持续不断地得到分红，我会反对将股份全部售出，但完全没有风险是不可能的。我知道您建议了在购买价上加10000美元，我知道您付了三倍于我们的产业价值的价格，我也知道所有这些使我们避免了一败涂地的命运，而我只是想向您表达

第4章 职场：一本好念的生意经

我的真实想法。在将公司出售给您之后，我去了布法罗，天真地以为可以东山再起，但很快便遭遇失败，偃旗息鼓。我又去了得鲁思，站在房地产业的风口浪尖，直到房地产的泡沫经济破灭，而我彻底破产。我经历了人生的大起大落，但我尝试着为自己疗伤，乐观面对现实，而不是坐在桧树下，指责约翰·洛克菲勒让我遭受损失。

如果不是一两天前与Buckeys管道公司（Buckeys Pipe Line Company）的哈纳芬先生（Mr. Hanafin）聊起原来的巴克斯石油公司出售的事情，或许这封信又将推迟许多年才写，但那次交谈让我重新燃起了写这封信的念头。现在已经完成了，我也了却了一个心愿。

再次向您表达我衷心的尊敬与赞赏，约翰·洛克菲勒先生。

您真诚的朋友，

H. M. 巴克斯

1903年9月18日

博林格林市，俄亥俄州

窥见上帝秘密的人

洛克菲勒自传

从谈判记录中看到，代表巴克斯夫人参与谈判的是查尔斯·马尔和麦洛尼先生。查尔斯·马尔是当时巴克斯公司的员工，麦洛尼先生是巴克斯公司的管理层，参与公司的创建并拥有股份；代表标准石油公司的是彼得·詹宁斯先生。

在人们的印象中，标准石油以79000美元购得的产权的价值远超过该价格，而巴克斯公司是在标准石油的威胁和强迫下做出妥协的。詹宁斯先生请马尔先生提供一份书面的提案，列出巴克斯公司即将出售的资产项目和价格，此份提案随附在詹宁斯先生的供词中。标准石油最终决定不要购买巴克斯所有的资产，而只是购买其手上的石油，并以市场价支付1.9万美元；而关于"工厂、品牌和继承权"，马尔先生出价7.1万美元，标准石油还价6万美元，而对方很快接受。马尔先生的供词如下：

查尔斯·马尔在此宣誓，他代表巴克斯石油公司参与谈判，促成了上述公司工厂、品牌及股份

的售出。上述公司出价15万美元(USD150000)出售全部股份，包括库存现金、应计股利等，詹宁斯要求上述公司提供所出售资产的定价提案。经知会巴克斯夫人，并得到其同意，本人提供詹宁斯证词后所附提案；提案由本人亲手书写，并应詹宁斯要求亲自在美国润滑油公司(American Lubricating Oil Company)办公室原本影印。

巴克斯夫人充分了解上述谈判的细节及提案中的项目及价格，谈判的每一步骤都咨询其意见后进行，因其为巴克斯公司当时最大的股东，拥有上述公司近十分之七(7/10)的股票。据证人所知，巴克斯夫人完全同意提案中的项目及价格，并接受詹宁斯以六万美元(USD60000)的出价购买工厂、品牌及继承权，无任何异议。如前所述，巴克斯石油公司的总资产约为十三万三千美元(USD133000)，而一部分资产并未转化为现金。

关于收购巴克斯石油公司的谈判，巴克斯夫人的代表马尔先生还提到：

詹宁斯先生或其他任何人从未对巴克斯石油

公司施加压力，也从未说过或做过任何事情以促成上述交易。

他还说：

谈判持续了两至三个星期……在悬而未决的阶段，巴克斯夫人不断地催促证人尽早得出结果，因为她急切想处理上述产业，摆脱日后的担忧及责任。当证人告知她詹宁斯先生的开价时，她表示十分满意。

麦洛尼先生在证词中提到，他从巴克斯石油公司刚创建时便一直担任公司的管理层，同时他也是公司的股东，是巴克斯先生多年的合作伙伴；他代表巴克斯夫人参与了公司出售的谈判。提及谈判时，他说：

最后，经咨询相关专业人士，巴克斯夫人提出以71000美元的价格出售工厂、品牌及继承权。几天后，标准石油提出以60000美元的价格收购工厂及品牌，并以市场价购买巴克斯石油公司的存油。巴克斯夫人接受了这一出价，交易完成了。

在谈判过程中，巴克斯夫人一直急于出手，

对成交价也表示满意。我知道一年半之前她曾尝试出售巴克斯石油公司的股票，而价格比标准石油所提供的价格低30%至33%，而她旗下的工厂及产业在这一年半间也并未增值。我对巴克斯的工厂及其价值十分熟悉。在当时，建造新的工厂仅需25000美元。我们并没有受到任何威胁及恐吓，也没有遭受任何不友好的对待。谈判过程十分融洽、公平，标准石油的出价已远远超过所购产业的价值，而巴克斯夫人也非常满意。

如今，30多年过去了。回过头看，我仍认为巴克斯夫人受到了最友好最周到的对待。她没有接受我所提议赠送与她的标准石油的股票，对此我深表遗憾。

回扣的问题　　　〉〉〉

在标准石油公司所有吸引公众眼球的事件中，最耸人听闻的应数铁路回扣的问题了。我曾就任俄亥俄州标准石油公司董事长。1880年以前，标准石油确实收取过铁路公司的回扣，但我们并不是平白无故地获得利益。提供回扣是铁路的一种商业手段。一般，铁路公司会公布一个标准价格，但据我所知，铁路几乎从未按此价格收取过费用；其中一部分将作为回扣付回给货主。通过这种方式，货主真正支付的运费不会被竞争对手也不会被其他铁路公司知道，而回扣的多少则是货主与承运人之间的较量了。

俄亥俄州标准石油公司位于克利夫兰，拥有发达的铁路网络，在夏天还可以选择水运；这些优势为我们争取低运费提供了便利。俄亥俄州的其他公司也具备相同的优势。标准石油为铁路公司创造了一些有利条件，以期压低运费。我们大

批量地出货，我们提供高成本的装卸车设备，我们保证稳定的货量，于是铁路公司可以最大程度地利用铁路的运力，创造最多的利益。我们自己承担保险，铁路无须为火灾负责。我们自费在铁路站点建设设备，为铁路节省了运营成本。基于所有这些条件，在运费合同中，我们得到了铁路的"特殊津贴"。

但尽管有这些"特殊津贴"，标准石油为铁路创造的收益仍远远超过那些货量小、出货不稳定，但或许运费较高的货主。

为了了解吃回扣的现象，我们必须首先认识到，铁路总是不遗余力地扩大货运量。它们必须应对来自水路运输、输油管道的竞争。所有这些运输方式都使铁路的市场面临威胁，而铁路竭尽全力想在竞争中胜出。标准石油提供快速装车卸车的设备，具备稳定的出货量，并且提供前面我所提到的种种条件。最终的结果便是为铁路也为我们自己节省成本，达到双赢。而这无疑符合商业的自然法则。

油管与铁路　　　　〉〉〉

　　输油管道的建造为铁路带来了另一个强大的竞争者。相比铁路运输，通过管道输送石油的成本低廉许多，输油管道的发展是一个必然趋势。唯一的问题在于石油的流量是否足以使投资获得收益。经常发生这样的情况，管道通到了油田附近，而那里的油井却停止出油，于是这些管道便成为最无价值的产业。

　　铁路和油管之间存在着一种有趣的现象。很多时候两者需要互为补充，因为油管只能覆盖一部分的路程，而铁路将继续完成余下的任务，将石油输送至目的地。有这样的例子，之前我们按照协议价全程委托铁路运输石油，但输油管道建造后，一部分路程改用油管运输，一部分路程仍用铁路运输，双方都应该得到运费收入。然而，因为之前我们已经向铁路支付了全程运费，现在铁路必须将一部分费用归还我们。于是，便出现

第4章　职场：一本好念的生意经

了标准石油公司为铁路公司打折扣而不是反之的现象——其计算方法十分复杂，但我还从未听到任何关于这个问题的怨言。

标准石油公司的收益并非来自铁路提供的支持，铁路公司反而能从标准石油的运输委托中获利。标准石油公司持之以恒减少运输成本的努力只是为消费者节省开支的方式之一，而这使我们成功地占据了全球市场，因为我们可以提供低价格的产品。

议价是一门高深的学问，所有人都在争取最有利的价格。州际贸易法通过后，听说一些货量很小的小公司拿到了比我们更优惠的价格，尽管我们投资建造了大量终端设备，提供稳定的出货量以及其他一些便利条件。我记得波士顿有个很睿智的人曾谈论过回扣的问题。他是位经验丰富的商人，处事小心警惕。他担心他的竞争对手拿到比他更优惠的价格，并做出了如下声明：

"原则上我反对吃回扣这件事情——除非我自己有利可图。"

第 5 章

商海沉浮的一些经历和原则

〉〉〉 Random Reminiscences of Men and Events

做铁矿石这一行违背了我自身的意愿，因为它增加了我的烦恼和责任。涉足这一行其实是因为当时在西北的投资频频失败。

当时，我投资了许多不同的行业：煤矿、钢铁厂、造纸厂、铁钉厂、铁路、木材厂、金属熔炼厂，以及其他我已经不记得的行业。我拥有这些公司一小部分股份，但从未参与企业的管理。并非每一家公司都能营利。事实上，在1893年经济大萧条之前，有几年的时间，通货膨胀已经开始露出苗头。当大萧条来临时，许多原本认为自己还算富有的人悲哀地发现事实并非如此。

这些产业的大部分我都未亲眼见过，只是根据别人的调查判断它们的价值。其实，我从未单纯依靠自己的了解来判断这些工厂的价值。我认识其他人，在调查这些企业方面比我胜出许多。

当时，我已经有退休的想法了，但大萧条推迟了我期盼已久的悠长假期。幸运的是，我认识了弗里德里克·盖茨(Frederick T. Gates)先生，当时，他正参与美国浸信会教育协会(American Baptist Education Society)的一些工作，而他的工作性质使他频繁地到全国各地去。

我想到了或许盖茨先生可以帮我获取一些关于这些企业的第一手资料，他是个博学睿智的人，虽然并没有工厂和作坊方面的技术知识。于是，有一次，他准备去南部的时候，我问他是否可以帮我调查一下我投资的一家钢铁厂，工厂刚好在他路过的地方。

做铁矿石这一行违背了我自身的意愿，因为它增加了我的烦恼和责任。涉足这一行其实是因为当时在西北的投资频频失败。

他的报告近乎完美。他为我提供了详细的情况，而大部分是不利的。不久之后他要去西部，我给了他我在那一带投资的工厂的名字和地址，请他帮我调查。原本我信心十足地认为这家公司运营得很好，然而真相令我大吃一惊。这家公司号称盈利丰厚、财大气粗，但实际上，如果继续按照当时的模式经营下去，倒闭只是时间的问题。

窥见上帝秘密的人

洛克菲勒自传

挽救失败的企业 〉〉〉

于是我邀请盖茨先生加入公司，帮我处理这些棘手的事务，并且像我一样，成为一个商人。但我们约定盖茨先生将继续他更伟大更重要的慈善事业。

在这里我想向盖茨先生表达我的钦佩之情。他拥有卓越的商业才能，深谙商道，运筹帷幄，同时，他所从事的慈善事业为社会带来了持久而深远的影响。他担任普通教育委员会（General Education Board）的会长，同时也积极参与其他委员会的活动。多年来，他协助组织了许多公益性的项目，而我们实施这些项目的目的是为社会带来长久性的利益。

盖茨先生多年来替我打理个人事务。他陪我渡过了艰难的时期，为我分担肩头的重任，让我有时间打高尔夫、从事园林设计、种树，以及享

受其他一些乐趣。他在教育、医学研究等方面的调查非常成功，为我们在这些领域所开展的慈善工作做了成功的铺垫。近十来年，我的儿子分担了盖茨先生的一些工作，最近，斯达·墨菲(Starr J. Murphy)先生也开始协助盖茨先生。盖茨先生为我们的事业忙碌大半生，理应开始享受悠闲的生活了。

现在，回到我那些糟糕的投资上来吧：盖茨先生对所有企业做了详细而充分的研究。我们的原则是尽一切可能防止我们所投资的公司走向破产，申请破产管理需要付出昂贵的代价，将使企业损失惨重。我们计划通过提供贷款、改进设备、节省生产成本等方式**挽救这些失败的企业，只要付出时间和耐心，很可能就可以使它们重获新生**。于是，在1893年和1894年的困难时期，我们小心谨慎地处理这些破败企业的事务，并继续经营了多年；有时候购买其他人的股份，有时候出售自己的股份，但几乎所有企业都逃脱了破产、申请破产管理、丧失抵押品赎回权的命运。

在这些问题完全解决之前，我们已经拥有了治疗商业弊病的丰富经验。我现在重述这一话题的目的是为了鼓励那些暂时失利的商人，只要谨慎、耐心地付出努力，即使看似已经走投无路，也能绝处逢生，但有两个必要因素：首先，资金的投入，自掏腰包或者从他人处筹集；其次，绝对不要背离商业的自然法则。

第5章　商海沉浮的一些经历和原则

投资矿场

在这些投资中，有一些矿场的股份以及一条铁路的股票和债券，铁路的建造是为了将矿石从矿场运输到港口。我们对矿场的产量充满信心，但要将其转化为利润，铁路是必要的辅助条件。于是我们开始投资建造铁路，但在1893年的大萧条中，工业发展几乎全盘崩溃。虽然我们只是小股东，但在这个萧条、恐慌的时期，似乎只有我们才能为铁路带来生机。为了筹款，我不得不用我的证券抵押贷款，最后我们被迫提供大量现金，而为了筹集这些现金，我们从当时动荡不安的货币市场上溢价购买货币，紧急输往西部，支付铁路工人的薪酬。当大萧条的恐慌逐渐消退，事态逐渐明朗起来时，我们开始意识到自己的处境。我们已经投资了数百万美元，而没有其他人愿意入股。相反地，所有人都急于将自己的股票

窥见上帝秘密的人

洛克菲勒自传

抛售出去。我们买到的股票数量惊人——我们无须经过任何争取便获得了几乎全部的股份——而我们支付的是现金。

于是我们发现自己手上有大量的矿场，在有些矿场里，采一吨矿石只须付给采矿工人几分钱，但我们仍未解决最主要的问题，那就是矿石的运输。

为了保护我们的投资，我们必须尽一切可能扩大贸易的规模；而既然已经投入了这么多资金，我们索性买下了所有我们认为有价值的矿场。铁路和船舶只是辅助手段。矿场才是关键所在，我们相信再多的好矿也不为多。

一些大型的钢铁制造商并没有正确判断这些矿场的价值，这令我感到惊奇。这些拥有无数高产量矿井的矿区在我们投资之前可以以非常低廉的价格购得。投身了这一行业，我们便下定决心通过最先进最高效的开采及运输工具，将矿石提供给每一个需要的人，而所得的利益我们继续用来投资更多的矿区。

119 〉〉〉

盖茨先生成为多家公司的总裁，这些公司拥有矿井以及铁路，他开始学习并经营矿石开采及运输的生意。事实证明，他不仅是一位杰出的学者，同时也是智慧的商人。他几乎包揽了所有的工作，只是偶尔征询我的意见；不过我仍记得许多我们化解危机、渡过难关的有趣经历。

造船 　　　〉〉〉

　　铁路的问题解决之后，我们还需要拥有自己
的船舶以满足矿石运输的需求。对于造船我们一
无所知，所以依照老习惯，我们决定向行业内最
权威的人士寻求帮助。这个人我们已经很熟悉，
他本身就是从事矿石运输的，对于他来说，我们
是竞争对手。盖茨先生联系了这位专家，有一天
晚饭前，他和盖茨先生一起来到了我纽约的家。
他说他时间很紧，我告诉他我们十分钟之内就可
以谈妥，事实也确实是这样。这是我唯一一次与
矿石公司的人会面。其他所有会议都是盖茨先生
出席的，他似乎十分享受工作的乐趣，而我也放
心地将公司的事务托付于他。

　　我们向这位专家说明我们希望自己运输苏必
利尔湖沿岸的矿石，并希望他为我们承建最大型

第5章　商海沉浮的一些经历和原则

最精良的船舶，因为这些船舶一定程度上决定着我们的成败。当时，最大的船舶载重约5000吨，但1900年时，我们的船载重达到了7000吨、8000吨，而现在万吨巨轮也已经出现了。

自然而然地，这位专家回复说他自己也是从事矿石运输的，不希望我们投入相同的行业。我们解释道，我们已经做了巨额投资，为了保护我们的利益，我们需要运营自己的船舶，实现开采、运输、销售的连贯性经营。我们向他寻求帮助，是因为他有能力为我们建造最精良的船舶。尽管他是我们最大的竞争者之一，但我们相信他是诚信、率直的人。并且我们非常渴望能与他合作。

窥见上帝秘密的人　　洛克菲勒自传

聘请竞争对手 〉〉〉

这位专家仍然固执地不肯合作，但我们表示我们已下定决心做这一行，如果他肯帮忙，我们将为他提供可观的酬劳。我们解释道，有人已经承担了这个工作，但我们随时欢迎他的加盟。最后，他终于被打动了，当时就接受了我们的请求，后来，我们又签订了令双方都满意的协议。他便是来自克利夫兰的塞缪尔·马塞先生(Samuel Mather)。他在我家里只停留了几分钟，在这几分钟里，我们下了三百万美元的订单。这是我与他唯一的一次会面。但是马塞先生拥有崇高的商业道德，我们对他百分百信任，虽然他是我们的竞争对手之一，而这一点我们从未尝试过忽略。

当时，五大湖区大约有九至十家造船厂。每家造船厂都是一个独立的个体，并且相互之间竞争激烈。这些船厂的处境非常艰难。它们仍未从

第5章 商海沉浮的一些经历和原则

1893年的大萧条中恢复过来，还未能全面投入生产。那时是秋天，许多员工却感觉到了冬天的严寒。在计划造多少条船时，我们考虑到了这一点，并决定尽可能多地造船，为五大湖区的闲置劳动力提供就业机会。于是我们请马塞先生给每家船厂写信，确定它们可能承建多少艘船舶并保证在下一年春天投入使用。他了解到有些船厂能够造一艘，有些两艘，而总数是12艘。于是我们决定造12艘轮船，所有船舶都由钢铁制造，承载量是当时五大湖区上最大的。这些船具备相同的规模，同时也是矿石的最佳水上运输工具。

当然，这些船造价都很高。而它们的价格本来应该会更高，如果马塞先生从一开始便宣布他将造12艘船的话。很久以后，我才听说了他处理这件事情的方法，虽然这个故事现在已成为历史，但对许多人来说或许还是个新闻呢。马塞先生对造船的数量讳莫如深。他给每家船厂寄了相同的计划书和船舶技术参数，并让船厂依照自身的情况投标一至两艘船。于是自然而然地，所有

窥见上帝秘密的人

洛克菲勒自传

人都认为马塞先生最多准备造两艘船，每家船厂都急切地想争取这一项目，至少争取到其中一艘船。

到了竞标的那天，所有投标人都应马塞先生之邀来到了克利夫兰。他们轮流被邀请到马塞先生的私人办公室，讨论项目的细节问题。大家都期待着谜底的揭晓。马塞先生之前的态度让每个人都觉得自己胜券在握，而每个人从马塞先生办公室出来时，脸上都挂着心满意足的笑容，这让事态变得扑朔迷离。

最扣人心弦的时刻到了，在场的所有人几乎同时收到了马塞先生的便条，恭喜他竞标成功。正当大家激动地展示自己的便条，想对失败的对手表达同情时，大家发现每个人都拿到了合同，其实自己根本没有任何竞争者。这个发现给他们带来的喜悦远超过无法向其他人炫耀的懊恼，结果是皆大欢喜。值得一提的是，由于企业合并，所有这些友好的绅士后来都成为同事，而合并之后，我们购买船舶的价格更加统一了。

从未出过海的船务经理

随着这些船舶的投产建造，我们正式开始了与矿石业的博弈。但是我们意识到必须首先解决船舶运营的问题，于是我们再次向我们的竞争对手马塞先生求助，希望他能助我们一臂之力。然而，由于其他重任在身，他无法允诺。有一天，我问盖茨先生：

"这些船我们怎么管理？你知道什么资深的公司吗？"

"不知道。"盖茨先生说，"我不了解这方面的公司，不过我们怎么不尝试一下自己管理？"

"你并不了解船舶运营的事情，不是吗？"

"确实是，"他答道，"不过我认识一个可以胜任这项工作的人，虽然我担心你会对他感到不满意。但是，他具有最重要的特质。他从未在船上待过，对航海并不熟悉，但是他聪明、诚实、上进、热情、节俭，学东西上手很快，即使是从未接触过并且具有一定难度的事情。这些船还有几个月才能完工，如果我们现在就聘请他，等船建好的时候，他也已经游刃有余了。"

"好，"我说，"我们就请他。"

他便是鲍尔斯（L.M.Bowers）先生，来自纽约布鲁姆。鲍尔斯先生对五大湖区的每一个船厂进行了实地考察，并进行了仔细研究。很快他便对船舶的建造提出了宝贵意见。他从这些船首次扬帆开始便全面负责船舶的管理，他的技术和能力获得了所有海员的赞赏。他甚至发明了一种锚固装置，先是在我们自己的舰队中使用，后来被其他船舶采用，现在我听说美国海军也在使用这种装置了。在我们售出这一部分业务之前，他一直负责船舶的管理工作。在这之后，我又让鲍尔斯先生承担了其他许多艰难的任务，每次他都表现出色。后来，由于家人身体欠佳，他搬到了科罗拉多常住，而今，他已是科罗拉多州能源及钢铁公司（Colorado Fuel and Iron Company）的副

总裁。

大型船舶和铁路让我们拥有了最有利的资源。最开始时，公司的运营非常成功。我们大规模地开展贸易，开采矿石，将产品源源不断地输往克利夫兰以及其他港口。我们的舰队不断地壮大发展，最后共拥有了56艘大型船舶。和其他许多我所感兴趣的生意一样，这家公司并没有花费我很多精力，因为我幸运地拥有这么多积极、活跃、能干、可信的助手，为我承担了这么多的责任。这些优秀的商人从未令我失望。

我们在矿石业的发展欣欣向荣，直到美国钢铁公司(United States Steel Corporation)成立。美国钢铁公司的一位代表约我们见面，表达了向我们购买土地、矿区以及舰队的意愿。我们的生意进行得很顺利，没有必要在这个时候出手。然而这家公司认为我们的矿井、铁路和船舶是他们战略规划的一部分，于是我们表示愿意促成这一伟大事业的成功。我觉得，当时他们已经说服了卡内基先生(Mr. Carnegie)出售他的产业。经过多次谈判，我们接受了他们的出价，而我们的矿井、船舶和铁路全部归到美国钢铁公司名下。考虑到这些产业目前的价值以及增值的空间，我认为我们所接受的价格相当保守。

这场交易让美国钢铁公司多年来连连盈利。因为出售这些产业的收入大部分用以购买美国钢铁公司的股票，所以我们也从公司的发展中分得一杯羹。就这样，在七年的奋斗之后，我彻底地离开了矿石开采、运输、贸易的行业。

遵从商业法则

　　回首从事矿石业的经历，我更加深刻地体会到我经常提及的一个原则。如果有年轻人耐心地将我的回忆录读到这里，我会感到心满意足，同时我也希望他可以从我的经历中受益。

　　在商场上，获得成功最基本的要素便是遵从商业法则。找到正确的方向，坚持合乎常理的运营模式。不要受眼前的利益诱惑，也不要妄想一夜暴富。不要在只能带来小小的胜利的事情上浪费时间，除非你满足于一点点的成功。在投入一项事业之前，先确定你能够清楚地看到这条路通往成功。要有远见。很多智慧的商人在赌上全部身家之前，往往对将投身的行业没有任何预见，这颇为令人惊叹。

　　仔细研究你的资金需求，坚强地面对潜在的风险，因为挫折是无法避免的。任何时候都不要

> 在商场上，获得成功最基本的要素便是遵从商业法则。找到正确的方向，坚持合乎常理的运营模式。不要受眼前的利益诱惑，也不要妄想一夜暴富。

窥见上帝秘密的人　洛克菲勒自传

自欺欺人。只是抱着赚钱的念头的人不会获得成功；你需要拥有更大的野心。伟大的商业领袖曾一次次地告诫我们，只有诚信经营，才能获得永久的成功，才能使人获得自信，而这也是我们所珍视并为之奋斗的真正的资本。如果你圆满地完成每天的任务，忠诚地遵从我所提及的这些商业的基本法则，同时保持清醒的头脑，你便能获得成功。而你或许也会原谅我这番老套的说教。能够读这本书的年轻人，想必也不需要我再赘述"胜不骄，败不馁"的道理了。

伟大的商业领袖曾一次次地告诫我们，只有诚信经营，才能获得永久的成功，才能使人获得自信，而这也是我们所珍视并为之奋斗的真正的资本。

大萧条的经历

19世纪90年代初期，我本来计划退休。我从很小就开始工作，在50岁的时候，我认为应该让自己从商业事务中解脱出来，享受生活中其他乐趣，而不是一味地赚钱。然而1891年和1892年形势很差。1893年，风暴来临，正如我前面所提到的，我有很多失败的投资需要处理。这一年和接下来的一年，每个人都举步维艰。在这个时候没有人可以安心地退休。在大萧条的这些年里，标准石油仍然得以在正常的轨道上运行，由于奉行保守的财务管理方式，我们拥有大量的现金储备。1894年至1895年，我终于能够从公司的管理事务中脱身。从那时起，我几乎再也没有参与公司的具体运营了。

我清楚地记得1857年以来所有的大萧条时期，但我认为1907年是最艰难的一次。所有企业无论大小都未能幸免于难。人们深陷混乱与恐慌中。我以及其他商人都必须感谢摩根先生（Mr. Morgan）真诚而有力的帮助。他的权威地位毋庸置疑。他雷厉风行、做事果断，他的行动力和决策力让人们重拾信心。在他的带领下，国内许多有能力和实力的金融家也纷纷团结起来，**重建国家的信心，恢复往日的繁荣**。有人曾问我，我们是否能快速地从1907年10月的大萧条中恢复过来。我拒绝讨论这个问题，因为我不是预言家，也不是预言家的儿子。但是，正如最终的结果所显示的，我们当然会迅速恢复过来。这一暂时的挫折将使日后的经营更加谨慎和保守，而这正是我们所需要的。**大萧条不会长期消磨我们的积极性。这个国家的资源也没有因为金融风暴而遭受损失。从萧条中恢复过来，我们将拥有更稳定的未来，而在商业上，和在其他事情上一样，耐心是一种美德。**

> 我以及其他商人都必须感谢摩根先生真诚而有力的帮助。他的权威地位毋庸置疑。他雷厉风行、做事果断，他的行动力和决策力让人们重拾信心。

这里我想**再次提醒一下我们的生意人，认清**

第5章　商海沉浮的一些经历和原则

自己的状况，面对现实。如果在管理方法上有失偏颇，应当及时改正。自然法则不可违背，忽略自然法则的存在是愚蠢的行为。对于美国这样一个思维跳跃、想象力丰富的国家来说，毫不背离平淡、生硬的现实条件并非易事，但我们仍必须坚守商业的自然法则，自尊自强，才能在世界市场中屹立不倒。

第 6 章

散财：把财富带进坟墓
是可耻的

〉〉〉   Random Reminiscences of Men and Events

赠予的快乐、对同胞的责任，这些话题很容易便可以发挥为长篇大论，堆砌世代沿用的陈词滥调。

我并没有奢望为这个话题增加什么新的亮点，这一点连许多天才作家都无法做到。但是我承认，比起谈论商业和贸易，我对这个话题的兴趣要浓厚得多。对于企业而言，慈善活动确实可以带来商业效应，但其背后，源于内心的赠予精神，才是真正的价值所在。

当今时代，我们已经可以要求国家中的精英为社会公益事业贡献更多的时间、智慧和金钱。我不会冒昧地定义这些慈善工作应该包含什么内容。每个人做慈善都是为自己而做，也应该自己选择怎么做。我认为慈善活动没有优劣之分，也没有内容和形式的限制。

认为拥有了财富便拥有了幸福是一种错误的看法。富有的人和其他人并没有什么不同；他们从金钱中得到的快乐源于他们有能力为他人带来快乐。

第6章 散财：把财富带进坟墓是可耻的

富人的局限

有些人花钱的方式让我觉得索然无趣，他们的财富只用来换取物质上的享受。这种能够购买所有自己想要的东西的满足感很快便会消失，因为人生真正的价值是钱买不来的。那些在报纸上风光无限的富人，不会因生活的奢华而拥有超于常人的能力。纵使有福享受山珍海味，他们也买不来好胃口；纵使衣着光鲜、珠光宝气，他们也有可能会遭受公众的嘲弄；纵使拥有优越的生活环境，他们的痛苦也不会因为富有而比其他人少。在与各种各样的富人接触的过程中，我得出一个结论，只有一种方法可以使他们的财富实现真正的价值，那就是投身公益，造福社会。

商人通常会认为他已经为社会贡献了一部分力量。他建立的产业为一些人或者许多人提供了稳定的工作；他为员工创造优越的工作环境，新

> 人生真正的价值是钱买不来的。

窥见上帝秘密的人

洛克菲勒自传

的机遇，以及强大的工作动力。只有将员工的福
利铭记于心，并付诸行动，才能得到人们的尊
敬。认为只要按时发放薪水便是好企业，是一种
狭隘和局限的想法。

第6章 散财：把财富带进坟墓是可耻的

慈善

慈善意味着造福人类，散播文明的种子，传递健康、正义与幸福的福音，它已经超越了一般意义上的公益活动。我认为，慈善指的是时间、精力、财富的投入，为员工提供丰厚的报酬，拓展和发展现有的资源，为员工创造健康的工作环境以及职业提升的机会。这种持久性的利益是单纯的发薪水无法比拟的。

我经常想，如果这种论断成立的话，慈善事业的领域将是多么辽阔！有人会认为日常的工作是一回事，慈善事业是另外一回事。我不赞同这种观点。一个在星期天才有空发发善心的人很难为慈善事业做出什么贡献。

往往是那些繁忙的人物才能提供最有力的帮助。我认识一些人，他们热心于慈善事业，不是

视其为暂时的任务，而是当成长期的责任。他们
接手风雨飘摇的企业，带领这些企业走向成功。
他们面临着巨大的风险以及外界的怀疑，但仍不
离不弃，而这并不仅仅是为了个人的利益，而是
源于更崇高的造福社会的精神动力。

我特殊的付小费的方式

通常是抓起一把零钱放在手里，
也不说给多少，而是让侍者拿他认为该
拿的数目。

第6章 散财：把财富带进坟墓是可耻的

无私的奉献是成功之路

对初涉社会的年轻人，我有以下的建议。如果你拥有远大的目标，渴望建立一番事业的话，无论你是受雇于某家公司或是自主创业，都不要妄想通过坑蒙拐骗的手段获得成功。在选择自己的职业或雇主时，先想一想：我最适合的位置在哪里？在哪里可以为世界做出最大的贡献？在哪里可以为社会创造最大的利益？抱着这样的精神选择自己的职业，那么你在成功的道路上已经迈出了重要的一步。据调查，在我们的国家里，**拥有最多财富的人**，往往是那些胸怀祖国的未来，**尽最大努力开发国家资源，建立伟大而意义深远的经济事业的人**，在其他国家亦然。为社会做出最大贡献的人将登上成功之巅。为公众所需要的商业企业将兴旺发达，而公众不需要的商业企业必定失败。

另一方面，生意人最忌讳的便是重复投资，将时间、精力和资金浪费在毫无意义的竞争上。如果已经有这样一家工厂，足以满足公众的消费需求，并且价格低廉，这时候再在当地建一家同样的工厂，便是一种资源的浪费，这种行为阻碍了国家的发展，夺走了劳动者的生计，并造成了一系列的社会问题。

或许，美国人民的进步和幸福生活的最大障碍便是如此多的重复投资，人们将时间和资本花费在建设相互竞争的企业上，而不是开发新的领域，投资社会所需要的行业。寻找、经营或是创造新的行业，需要我们的创新理念，这种方式远胜于故步自封。不要一味效仿前人的成功之路。我们的国家正在迅速地发展着，机遇无处不在。如果仅仅自私地想从社会中获利，而完全不顾及人类的进步和幸福，也是注定要失败的。遗憾的是，他们的失败将祸及一批无辜的人，使他们丧失生计来源。

寻找、经营或是创造新的行业，需要我们的创新理念，这种方式远胜于故步自封。不要一味效仿前人的成功之路。我们的国家正在迅速地发展着，机遇无处不在。

143 >>>

服务社会的慷慨

穷人或许是世界上最慷慨的人，他们生活窘迫，却在危难时刻相互承受重担。住出租屋的母亲生病了，住在隔壁的房客帮她照看小孩。父亲失业了，邻居将自己仅有的食物分给他的小孩。我们经常听到穷人的孤儿被朋友收留并抚养成人，而这种义举对他们穷困的生活来说简直是雪上加霜！生活资源如此匮乏的人尚且如此，富有的人更应该慷慨解囊，出钱出力。**犹太人自古便有将十分之一的财产捐献出来的戒命**，但这种赠予的尺度只是一个模糊的标准。捐献十分之一的财产对有些人来说几乎是不可能完成的任务，而对有些人来说却轻而易举。最重要的是赠予的精神，而那些贫穷的人往往会不自觉地向他人伸出援手。恐怕我又在重复一些陈词滥调了。

我在孩提时候所受的教育十分刻板，但我非常尊崇当时我们必须遵守的一个规定，那就是定期捐赠自己挣得的钱。这种做法让小孩子从小便意识到自己对他人的责任。但我必须承认，现在想培养小孩子的这种意识越来越难了；因为许多当时的奢侈品在今天已经变得稀松平常。**捐赠的乐趣与满足远远超过赚钱的过程，在我的一生中，我一直希望可以通过捐赠，让我的财富发挥最大的价值，造福我们的社会以及子孙后代。**

捐钱和捐力是不同的。在穷人遭遇不幸的时候，捐赠者除了捐钱之外，还可以通过了解他们的状况，帮助他们改善和解决内在的问题，从而使自己的援助更有价值。不用受生活所迫，捐赠者更有条件以更科学的视角帮助他们分析和解决问题。通过出"力"，他所捐赠的钱将发挥更大的效用。

医院在许多崇高而无私的管理者的经营下，为公众带来健康的福音；医学研究者的工作同样

我非常尊崇当时我们必须遵守的一个规定，那就是定期捐赠自己挣得的钱。这种做法让小孩子从小便意识到自己对他人的责任。

145 〉〉〉

至关重要，他们揭示病痛的根源，研究出疗法，使无数人摆脱病痛的折磨。

老弱病残总是可以激发人们的善心，但是揭示病源、寻找疗法的医学工作者却往往难以得到资金上的赞助。第一类人很容易使人动情，而第二类人却需要煞费苦心才能打动别人，换来资金援助。但我感觉到我们在科学研究资助方面正在逐渐进步。人们在这方面的意识越来越强，在世界各地，这些伟大的研究者正在获得越来越多的帮助。他们为科学研究挥洒着青春与热血。例如，有些人以自己的生命为代价，投身黄热病的研究，他们所做出的贡献将造福子孙万代。而正是这种牺牲精神，使我们的医疗和外科事业蓬勃发展。

捐资进行科学研究 〉〉〉

这种牺牲可以延伸至什么高度？每年，众多的科学工作者奋不顾身地投身研究，揭示科学的真相，为人类的认知史增添新的记录。有时我会想，那些肆无忌惮地谴责他们的活动的人从来没有认真考虑过自己的言行。事不关己地站在一边说风凉话是一回事，投身艰苦的工作获得权威的地位又是另外一回事。

就我自己而言，我从来都只是一个旁观者，我认为自己没有权力对那些在科学研究上比我高明不知多少倍的人指指点点。

很多人谴责科学家们用动物做实验。这些动物捍卫者的言辞极其煽情，足以使人们完全忽略这一争议的另一面。纽约洛克菲勒医学院的院长西蒙·费勒克纳尔（Simon Flexner）博士不得不面对辛辣的批评以及扭曲事实的新闻报道。最近，在费勒克纳尔博士的带领下，医学院成功地研制出脑脊髓膜炎的疗法。为了探索这一疗法，确实牺牲了大约15只动物的生命，其中大部分是猴子，但是每一只牺牲的动物将拯救无数人类的生命。大爱如费勒克纳尔博士以及他的同事的人是不会让动物白白牺牲的，并会尽力减轻它们的痛苦。

我曾听说他们拯救一位儿童的故事，是同事写信时告诉我的。在这里我将引用他的原文。亚力克西斯·卡雷尔（Alexis Carrel）博士是费勒克纳尔博士的同事，锲而不舍的实验和丰富的临床经验造就了他精湛的医术。

一次出色的外科手术

医学院的同事亚历克西斯·卡雷尔博士一直在进行一些有趣的实验外科项目，并且已经成功地完成了动物器官和血管的移植。最近，他将这种技术运用到人身上，成功地拯救了一位婴儿的性命，这次手术震惊了整个纽约医学界。纽约一位年轻的外科医生去年三月早产了一位婴儿，婴儿患有先天性疾病，血液会渗出血管，流入身体的组织。一般情况下，这位婴儿将死于内出血。婴儿出生五天后，已经开始失去生命迹象。婴儿的父亲和父亲的兄弟——这个领域最杰出的专家，以及其他一两位医生进行会诊，但都毫无头绪。

恰好这位父亲对卡雷尔博士的研究工作印象深刻，并且曾与他共事过。他突然想到或许可以通过直接输血的方法挽救他小孩的生命。然而这种手术只在成人身上进行过，婴儿的血管太纤细，几乎不可能进行这种手术。在这种手术中，两个人的血管必须连接在一起，血管的内膜必须完全黏合。如果血液与血管的肌层接触，将会凝结成块，阻塞输血的通道。

幸运的是，卡雷尔博士曾在一些年幼的动物身上做过类似的实验。这位父亲相信，如果有人可以成功地进行这个手术，那么这个人一定是卡

第6章 散财：把财富带进坟墓是可耻的

雷尔博士。

当时已是午夜时分。这位父亲向卡雷尔博士解释，孩子已经是保不住了，请他做最后的努力。卡雷尔博士即刻答应动手术，虽然成功的概率微乎其微。

父亲充当提供血液的人。两个人都不能用麻醉药。这么小的孩子血管太细，只有一条血管可以用。血管在腿后，并且很深。在场的一位外科医生找到了血管。后来，他说孩子当时已经没有生命迹象，无论从哪点看，都已经夭折至少十分钟了。看到这种情景，他提出是否还有必要动手术。然而父亲坚持必须继续进行，于是外科医生将父亲手腕上的桡动脉与婴儿的血管建立连接。

后来，这个外科医生将这部分手术称为"铁匠活"。他说婴儿的血管只有火柴般粗细，而又脆弱得像湿了的香烟纸。然而，卡雷尔博士完成了这项伟大的工程。在场的医生无不赞叹这是外科史上的奇迹。来自父亲动脉的血液流淌入婴儿的身体，大约有一品脱。第一丝生命迹象出现了，婴儿的耳朵上出现了一抹粉红，接着，原来蓝色的嘴唇也开始出现血色，突然，婴儿像是受到了芥末的刺激一样，身体开始发红，并且开始大声啼哭。大约八分钟后，手术完成了。这个时候婴儿已经哭着要东西吃了。吃饱之后，他进入正常的睡眠，并且慢慢康复。

后来，这位父亲参加了奥尔巴尼的立法委员会会议，反对上次会议中悬而未决的限制动物实验的法案。他讲述了这个故事，并说，在看到卡雷尔博士的实验时，他并没有想到这些实验这么快便可以拯救人类的生命；更加没有想到的是将拯救他的小孩的生命。

第6章 散财：把财富带进坟墓是可耻的

最重要的助人方式

如果每个人都能够学会自助，我们便根除了许多罪恶的源头。助人自助是最重要的助人方式，重谈这个话题并非毫无意义，因为虽然这是经常谈论的道理，很多人却熟视无睹。

真正使人受益的事情是我们自己为自己所做的事情。平白无故获得的财富通常不是福而是祸，这是我们反对投机的主要原因。不是因为从事投机活动往往输多于赢——虽然事实确实是这样——而是因为在投机中获利的人，从他们的成功中获得的伤害通常更多。**在金钱或者其他物质的赠予方面，道理也一样。获得越多，或许遭遇的挫折也越多。只有在一种情况下，接受赠予的人才能真正受益。我们只有帮助他们自助，才能使他们获得永久的庇护。**

平白无故获得的财富通常不是福而是祸，这是我们反对投机的主要原因。不是因为从事投机活动往往输多于赢——虽然事实确实是这样——而是因为在投机中获利的人，从他们的成功中获得的伤害通常更多。

窥见上帝秘密的人
洛克菲勒自传

研究病原的专家告诉我们，各种迹象显示，人体自身拥有战胜病魔的抗体，只有这些抗体低于正常水平的时候，病毒才有机会肆虐。所以，抵御病魔的方法便是提高身体的免疫力。而当病毒肆虐时，与之抗衡的方法就是增强体内的抗体。同样的，人的失败往往源于自身的不足，即身体、精神、性格、意志力或性情方面的缺陷。因此，避免再次失败的唯一方法便是完善自身，寻找失败的原因并加以克服。只有自身的努力才能让我们真正受益。

每个人都希望幸运降临在自己头上。在利益的驱使下，有些人几乎完全丧失了人性，如果这些人成功了，我们的整个文明将被拖入无底的泥沼中。我一直相信，人格的差异直接影响经济地位的差异。只有更广泛地传播美好的品质，帮助他人建立完善的人格，才能更广泛地扩散财富。**正常的情况下，一个拥有健康的身体、敏锐的思想、良好的性情的人必定能成功。然而这些特质**

153 〉〉〉

只有通过自身的努力才能获得，而别人能为他做的，正如我所说，只能是助他自助。

我们必须不断地提醒自己，用于帮助人类进步的资金是有限的。所以，**所有支出必须用在刀刃上，争取发挥最大的价值！**

我曾坦诚地表示过，**在生意场上，本着资源优化的原则，我赞同企业以恰当和公平的方式合并与合作。资源的浪费意味着实力的削弱。**我真诚地希望并完全地相信这一生意场上的原则同样适用于慈善事业。合并与合作并不仅仅是企业发展的趋势，同时对致力于为更多人创造福利的人来说，也是一种有效的方式。

一些基本原则　　　　　　>>>

　　尽管冒着让这一章变得十分无趣的风险，尽管已经有人告诫过我连最拙劣的作家都会避免这种写法，我仍然决定在这里记录下一些基本原则，它们是我所有人生及事业计划的根基。这些年里，所有重要的工作都是在这些大原则的指导下进行的，而如果没有这些清晰而连贯的目标，我的慈善工作也不会取得任何建设性的发展。

　　其中，**我认为制订有条理的计划是至关重要的。**

　　大约1890年的时候，我所从事的慈善活动仍是毫无条理性的。在不断扩大的慈善事业的领域里，我一路跌跌撞撞，没有确定的指导原则，也没有明确的目标和方向。我逐渐意识到需要建立一个处理这些事务的部门，就像我们生意上的业务部门一样。下面，我将讲述我们当时制订的一些基本原则，这些原则我们至今仍继续遵从，并且希望可以发扬光大。

在书中大肆谈论这样一个私人问题并不是什么得体的事情——我也意识到了这一点——但说这些话我并不会觉得无地自容，因为大部分工作和想法都是由我的家人和同事完成的，他们中的许多人为之奋斗终生。

每个正常的人都有一套生活哲学，不管他自己是否意识到。他的思想深处总是隐藏着一些指导原则，指引着他的生活。当然，最终极的目标应该是为人类进步贡献自己的一份力量，无论这种力量多么微弱，不管是通过金钱还是服务的形式。

人的理想应该是利用自身的资源，推进文明的发展，不管是通过投资还是通过善行。然而问题在于，文明是什么，文明发展的定律是什么。这也是我们一直以来研究的课题。如果你走进我们的办公室，问我们的慈善委员会或者投资委员会文明是什么，他们一定会说，通过研究，他们

窥见上帝秘密的人

洛克菲勒自传

发现文明是由以下几个要素构成的：

第一，生活条件的进步，也就是说，食物、穿衣、住房、卫生、健康方面的改善，商业、制造业的发展，以及公共财富的增加，等等；

第二，政府和法律的进步，也就是说，法律赋予每个人公正和平等的权利，捍卫最大程度的个人自由；

第三，文学和语言的进步；

第四，科学和哲学的进步；

第五，艺术和品位的进步；

第六，道德和宗教的进步。

如果你问他们——实际上他们也经常被问及这个问题——这些因素中最基本的是哪一个，他们一定会回答，这是一个学术问题，每个因素都是相辅相成的。但是，在历史上，第一个因素——也就是生活条件的进步——总体来说先于政府、文学、科学、品位、宗教的进步而存在。虽然不是最重要的因素，但它是整个文明的根基，失去这一条件，文明也将不复存在。

第6章　散财：把财富带进坟墓是可耻的

于是，我们也一直致力于改善人们的生活条件，我们做了各种投资，力求降低人们的生活成本，为他们创造更舒适的生活环境。我们并没有希望因为这些投资而得到好评，我们也并不认为我们做出了牺牲。这些领域本身就为我们带来了最大最保险的回报。在生活成本、生活资源的获取、生活必需品的普及方面，我们的国家远远超过其他国家，虽然在其他许多方面我们可能还未追赶上他们的步伐。

或许会有人问：既然这些福利应该为公众所共同享有，为什么财富还是汇聚在一小部分人手中？我的理解是，虽然这些人拥有大量的财富，但是他们不会也不能将这些财富占为己有。他们确实拥有大批产业，并控制着投资权，但他们与这些产业的关系仅此而已。通过投资，他们的财富不断地流通，并发放为工人的周薪。

到目前为止，个人所有仍是最佳的资金管理方法。我们可以把钱存入国库或者各个州的财政部，但是根据以往的经验，没有任何法律可以保证这些资金将得到比现行方法更有效的管理，也没有任何方案可以确保它们将得到更合理的支配，用以为大众创造更多的利益。所以，富有的人有义务拥有自己的产业，管理自己的资金，直到比他们更有能力管理国家资金的一个人或者一群人出现。

关于后面的四个因素，即政府和法律的进步、文学和语言的进步、科学和哲学的进步、艺术和品位的进步，我们认为高等教育可以促进这些因素的发展，于是我们在国内外投资了各种形式的教育基金——而我们所推崇的教育不仅关注传播现有的知识，而且鼓励创新的研究。一所学校所能传播的知识是有限的，而且只能影响一部分人。然而每一个新发现，每一项科学研究成果，都将为所有学术机构共享，并且能够迅速地惠及全人类。

我们的委员会正不断拓展慈善事业的新领域。我们并不满足于仅仅资助那些向我们寻求援助的项目。我们认为，除这些项目之外，或许还

159 〉〉〉

有许多需要我们资助的更有意义的项目，只是我们不知道而已。所以，我们这个小小的委员会不会懒惰地只是资助那些上门募捐的机构，而忽略掉其他。我们做了充分的研究，在我们认为最能促进人类进步的领域贡献我们的力量。如果当时还没有担任这些职能的机构存在，我们会负责创建。目前，我们仍致力于扩展新的领域，而这一事业需要大量人才的加入以及更充分的研究。

这些所谓的慈善工作是我乐趣的源泉，同时也为我的生活带来深远的影响。在这里谈论这个话题，是因为我希望能再次强调生活中对我们至关重要的事情：和孩子们保持亲密的关系，和他们谈心——孩子们将受到潜移默化的教育，并学会承担家庭责任。父亲是这样教我的，所以我也尝试着这样教我的小孩。多年来，我们经常一起查收信件，这些信件影响着我们的善举，我们一起研究一些有价值的资助请求，也一起学习我们共同感兴趣的慈善事业的历史以及来自慈善机构的报告。

第 7 章

放手：快乐的源泉

〉〉〉   Random Reminiscences of Men and Events

在前面一章中，我讲述了更有效地从事慈善事业的方法，在本章里，我将借此机会谈论一下慈善事业中的协同合作，多年来我一直热衷于这种合作。

在商场上，企业联合是优化资源配置的有效方式，在慈善事业中，又何尝不是如此？我觉得，在安德鲁·卡耐基(Andrew Carnegie)先生同意加入普通教育委员会之后，教育慈善事业中的合作理念向前迈进了一大步。对我而言，他既然接受了委员会理事的席位，便意味着委员会的理念获得了他的首肯，这一理念便是，通过协同合作帮助我们国家的教育机构。

我们每个人都应该感谢卡耐基先生用自己的财富资助手足同胞的热忱，而他为第二故乡的公益事业所做出的贡献将世代流传。

普通教育委员会成立的目的在于系统、科学

163 〉〉〉

第7章　放手：快乐的源泉

地解决存在的问题，刺激并发展整个国家的教育事业，而卡耐基先生目前也是会员之一。当然，没有人知道这个组织最终将有多大的成就，但是从目前的情况来看，在理事会成员的带领下，它必定会成绩斐然。在这里，我想表达我对这个组织的信心，虽然我并不是理事会的成员，也从未参加过他们的会议，所有工作都是由其他人完成的。

委员会策划了一些大型的项目，这些项目我已研究多年，而现在它们正在逐渐成形。值得庆幸的是，在每个大型企业中，总有一些无私、热心于公益事业的优秀人才。最明显的现象便是，这么多大忙人都愿意从繁重的工作中抽身，为人类进步事业出谋划策，出钱出力。医生、牧师、律师、政要，都在为我们的项目无私地贡献着自己的力量。

其中便有罗伯特·奥格登（Robert C. Ogden）先生。多年来，他在繁重的工作之余，仍挤出时间致力于教育慈善事业的发展，而他最大的成就在于改善了南部的公共教育制度。他的付出在未来的日子里将产生深远的影响。

幸运的是，在我们业已开始的慈善事业上，我的孩子和我一样充满热情，并且比我更加勤奋。同时，在金钱的问题上，我们的观念相同，那便是，君子爱财，取之有道，也应用之有道。

普通教育委员会一直致力于研究美国高等教育机构的选址、目标、工作、资源、管理、教育理念，以及现状与前景。委员会每年花费约两百万美元的资金，用于进行最透彻的研究，调查国内的各种需求与机会。委员会的记录是向社会全面公开的。教育慈善事业的捐赠者可以从这些公正客观的调查结果中查询他们需要的资讯。

在我们的国家里，以个人名义向教育机构捐赠的款项越来越多。资助那些选址不当、管理不善的学校纯属浪费资源。研究证明，花费在失败的教育项目上的资金如果得到恰当的使用，将足

165 〉〉〉

以建立一套完整的高等教育系统。赞助教育事业的善心人在捐赠之前，首先应该更仔细地了解他们所要资助的项目，考虑项目负责人的能力，这些项目的管理、选址以及周围的配套设施。个人很难完成如此周密的调查，人们往往缺乏相关的知识结构，或者考虑不周。然而，如果这项工作交由普通教育委员会完成的话，将会事半功倍。委员会的官员具备相应的智慧、技能以及专业背景，必能提供出色的服务。而今，狭隘的排他主义正在迅速瓦解，各行各业的优秀人才正在联合起来，共同完成人类进步的伟大课题。

借鉴最成功的慈善机构

　　罗马天主教在慈善事业上的发展有目共睹。一笔有限的资金在修士和修女手中所能发挥的效用令我颇为惊讶。当然，我也十分欣赏其他慈善机构的出色表现，但同样的一笔资金，在罗马教会的调配下，所发挥的功能比在其他教会中大得多。我提及这一点，只是为了强调组织原则的重要性。而罗马教会数个世纪以来所形成的强大的组织力与凝聚力，我想我已无须赘述。

　　对于这些问题，我一直拥有浓厚的兴趣。我的助手们成立了一个具备相当规模的部门，专门处理我们接收到的资助申请。他们的工作地点在纽约——我们的慈善委员会所在地。单枪匹马作战是行不通的，原因我已解释过多次。每天，我们收到的信件多达几百封，任何一个人都没有能力单独处理这些信件，而寄件人只要稍微动一下脑筋，就会意识到我不可能一个人处理他们的申请。

我们在项目上所获得的成功，是多年经验累加的结果，是许多热心人士共同完成的事业。

我们援助的原则

我们专门成立了一个部门，处理每天收到的成百上千的呼吁信，进行阅读、分类、调查的工作。这项任务并没有我们之前想象的那么难。这些信件确实内容各异，寄件人来自世界各地，身处社会的各个阶层。然而，五分之四的信件都是直接要求捐钱的，用途是个人使用，而原因是来信人将会对此感激不尽。

不过，仍然有一些有价值、值得引起关注的请求。这些请求大致可分为以下几类：

第一，请求捐助当地的慈善事业。来信人所在的镇或市向全体居民发起呼吁，而好市民便团结朋友和乡亲，写了这些信，助当地政府一臂之力。然而这些当地的慈善事业，医院、幼儿园等等设施的建设，不应该在别的地方募捐，而是应该由当地的人民，那些最了解当地需求的

第7章　放手：快乐的源泉

人来承担。

第二，全国性或国际性的呼吁。这些呼吁比较容易引起财力雄厚的大富豪的关注，因为他们的财富足以完成比资助当地慈善事业伟大得多的事业。在世界范围内，有许多全国性或国际性的大型基督教慈善组织。声誉斐然的富人经常会收到来自世界各地为个人寻求帮助的请求，而明智的赠予者将越来越倾向于选择那些值得信赖的大型组织，作为替他分配物资及捐款的媒介。这是我一贯的做法，而实践证明这样做是明智的。

多年来的经验让我认识到，一个掌握全面信息的机构最了解哪些地方是最需要帮助的。举个例子，传教士为某个特定的目的向富人募捐——比如说，建医院。足够建医院的资金至少要10000美元，富人自然而然会捐赠出这笔款项。而这位前来募捐的传教士隶属于一个强大的宗教派别。

假如募捐的请求被提交到宗派的总管人员处，总管人员将发现这个地方并不十分需要建一座新医院，医院建在隔壁的社区更合理。隔壁社

明智的赠予者将越来越倾向于选择那些值得信赖的大型组织，作为替他分配物资及捐款的媒介。这是我一贯的做法，而实践证明这样做是明智的。

窥见上帝秘密的人

洛克菲勒自传

区的教会无力兴建医院，将医院建在那里的话，可以同时满足两个社区的居民的需求。无疑，钱应该用在隔壁的社区。这些情况各个传道站都知道，但捐钱建医院的人不一定知道。而在我看来，在捐钱之前，首先咨询那些掌握全面信息的人，才是明智之举。

一些成功人士在面对自身的社会责任时，试图通过一些理由让自己的良心得到安慰。例如，有人会说："我不相信街上的乞丐。"我同意这种观点，我同样质疑这种乞讨的行为。但这不是逃脱责任的理由，我们仍然可以贡献自己的一份力量，改善以乞丐为代表的一些人的处境。我们不轻信乞丐，不屈服于他们的索取，恰恰是我们必须加入并支持社会慈善机构的理由，这些机构能够做出公正而人性化的判断，区分出真正需要帮助的群体和骗取同情的无赖。

又有人说："我不相信这些所谓的委员会，因为听说我们捐赠的钱只有一半甚至更少真正到了需要的人手里。"在很多情况下，这种说法并不客

> 我们不轻信乞丐，不屈服于他们的索取，恰恰是我们必须加入并支持社会慈善机构的理由，这些机构能够做出公正而人性化的判断，区分出真正需要帮助的群体和骗取同情的无赖。

观。即使具有一定正确性，捐赠者也不能因此逃脱自己的义务，这绝不是让人置身事外，完全忽略自身社会责任的借口。

慈善效益最大化原则　　　　　　　》》》

在慈善事业上，同样，没有必要在相同的领域重复建设，而是应该加强及完善那些已经开始运作的项目。然而，重复建设的例子很多，而慈善事业最大的困难之一便是确定一个领域是否已经饱和。很多人在捐赠之前，只是简单地考虑他们所捐赠的机构是否管理正规，而完全没有考虑这一领域是否已经饱和。其实，不应该只是单一地考核一个机构，而是应该考核同一领域的所有相关机构。以下便是一个例子：

一群热心人士计划兴建一家孤儿院。募捐活动开始了，其中有一个捐款人在捐赠之前，总是先详细地了解情况。他问活动的组织者这个社区现有的孤儿院一共有多少床位，情况怎么样，孤儿院建在什么地方，以及这个社区还缺乏哪些福利设施。

组织者对这些问题一个也答不上来，于是他决定自己理清状况，使这项计划更加行之有效。经过调查，他发现，这座城市已经有很多家类似的机构，床位的数量已经远远超过需求了，这一领域已经完全饱和。他将这些信息告知了组织者，而这些信息显示完全没有必要再兴建一家孤儿院了。我希望我可以说后来计划被取消了。但事实并非如此。当热心人士善心大发的时候，通常都很少考虑个别人的意见，而是将计划照常进行，尽管并不合理。

按照这种呆板、僵化的方式行事在很大程度上忽略了个人努力的价值。我认为，协同合作的组织不应该抑制，而是应该加强及刺激个人的积极性。慈善事业中的协同合作正在日益发展，而同时，广义上的慈善精神也应该得到大力推广。

高等教育的重要性 〉〉〉

在慈善活动中，那些与主流意见不合的人无疑会招来很多非议。许多人只是看到了日常生活中最紧迫的需求，而没有意识到那些稍微隐蔽，却更为重要的方面——例如，高等教育的重要性。在很大程度上，无知是贫困和犯罪的根源——因此我们需要教育。如果我们协助推进高等教育的发展——无论是在哪一领域——我们将在扩大人类认知水平的疆域产生最广泛的影响。因为所有的新发现或新发明将成为人类共同的文明遗产。我认为高等教育的重要性不容忽视。大部分科学、医学、艺术、文学上的伟大成就都是高等教育的结晶。终有一天，某位伟大的作家将为我们展现这些东西是如何提升了全人类的生活质量，不管受教育与否，不管社会地位高低，无论贫富。高等教育的发展使生活更加符合我们的

我认为高等教育的重要性不容忽视。大部分科学、医学、艺术、文学上的伟大成就都是高等教育的结晶。

愿望。

　　最成功的慈善在于不断地探索事物的终极性——对根源的追寻，将罪恶扼杀在萌芽状态的尝试。我对芝加哥大学的兴趣便在于它在具备一所大学所应具备的所有综合素质的同时，在科研上投入了更多的努力。

威廉·雷尼·哈颇博士

提起芝加哥大学这所年轻学府，我的眼前总会浮现出威廉·雷尼·哈颇（Willian. Rainey. Harper）博士的身影。他的倾情奉献为芝加哥大学创造了前景无限的未来。

我第一次见到哈颇博士是在瓦萨尔学院（Vassar College），当时我女儿在那里读书。周日，哈颇博士经常受校长詹姆斯·泰勒(James M. Taylor)博士博士之邀到瓦萨尔学院讲课。当时，我周末经常在那里，于是经常见到这位年轻的耶鲁教授，有很多机会与他交谈，并在一定程度上感受到他的热情。

芝加哥大学建立后，哈颇博士担任第一任校长。我们的目标是聘请最优秀的教授，创办一家完全不受传统约束，遵循最现代化的理念的大学。哈颇博士在芝加哥以及中西部民众之间筹集了几百万美元的资金，并获得了当地一些领袖人物的赞赏。这是他的过人之处，因为他不仅获得了物质上的资助，而且得到了忠实的拥护以及强烈的个人兴趣——这意味着最大程度的帮助与合作。而他的成就远超过他自己的想象。他在大学教育上的崇高理想引发了中西部地区推进高等教育的思潮，带动了个人、宗教组织、立法机构共同行动，做出行之有效的举措。现在的人们或许再也想象不到目前中西部地区在大学教育上的成就多大程度上应该归功于这位仁士的智慧。

哈颇博士不仅学识渊博，管理才能出众，而且具有非凡的个人魅力。在忙碌的工作之余，哈颇博士及其夫人会时不时到我家里做客，而这是我们家庭生活的愉快经历之一。在生活中，哈颇博士是最令人愉悦的好朋友。

能够为由哈颇博士担任校长的芝加哥大学捐资，我备感荣幸，然而报纸总是将事情描绘成哈颇博士通过我们的私交来获取这些捐赠。这个话题为漫画家提供了源源不断的创作素材。他们将哈颇博士描绘为一位催眠师，对我施加咒语，或是闯进我的办公室，而我正埋头从报纸上剪优惠券。一看到他，我立刻丢下手头的事情，从窗户落荒而逃。有的漫画里，我站在冰上，顺着河流逃跑，而哈颇博士在后面穷追不舍。有的漫画里，哈颇博士像俄罗斯故事中的狼一样，紧跟在我后面，我唯有丢下一张一百美元的支票来尝试与他拉开距离，而哈颇博士便会停下来捡。

这些漫画带着调侃的意味，虽然其中一些确实具有一定的趣味性，但对哈颇博士来说从来都不是一种幽默。对他而言，这些漫画是深深的侮辱。如果他仍在世，他一定会很开心听到我现在所说的话，那就是，在他担任芝加哥大学校长期间，他从未书面也从未口头向我索取过一分钱。在日常的交往中，在家里促膝长谈的时候，芝加哥大学的财政问题从未成为我们的话题。

在捐助芝加哥大学的问题上，所有流程都与其他捐赠项目相同。大学的职员书面提出申请，而他们的职责便是负责现金预算，管理财政状

第7章　放手：快乐的源泉

况。他们连同校长每年在一个固定的时间与我们的慈善基金会就他们的需求进行讨论。双方的意见通常完全一致，我不需要再添加任何意见，更不需要任何面谈和请愿。这些捐赠对我来说是一种荣幸，原因是，芝加哥大学位于我们伟大国家的中心，它深受当地人民的尊重和热爱，它所进行的是伟大而意义非凡的事业——总而言之，对于这些捐赠，它受之无愧。它之所以获得慈善资助，并不是因为什么会面或请求，而是因为它自身实实在在的价值。

很多人不断地以慈善事业的名义要求与我会面，认为这是获得资助的最好的方式，至少是一种不错的方式，但这种想法是错误的。一直以来，我们所接受的做法是，申请者提交简明扼要的书面申请，不需要长篇大论。这些申请将由专业人士进行评估。如果我们的助理认为需要安排面谈，申请人将接到我们发出的邀请。

书面申请为我们的员工提供了调查、咨询、比较的基础，同时也为我最终的审核提供了

窥见上帝秘密的人

洛克菲勒自传

材料。

　　这是我们进行工作的唯一方式。要求提交书面申请而非进行面谈的规定并不是像有些人所想的，是一种无情的拒绝，相反，这是为了对他的项目进行更充分的考核，更全面地了解项目的价值——而仅仅面谈是无法满足这一点的。

第7章　放手：快乐的源泉

有条件的赠予

财富的赠予很容易会造成祸害。向一些本能够通过其他渠道获得资金的机构捐赠并不是明智的善行。这种善行只会使慈善的源泉枯竭。

慈善机构任何时候都应该吸收尽可能多的捐赠者。这意味着慈善机构应该不断地发出呼吁。但这些呼吁得到回应的前提是慈善机构必须做出成绩，满足社会的需求。况且，公众的关注为明智的理财、公正的管理提供了强有力的保证，同时也意味着持久的支持。

我们的赠予经常是有条件的，并不是因为我们强迫人们必须靠自己的力量尽自己的义务，而是因为我们希望通过这种方式，引发更多人对慈善机构的关注，使尽可能多的人成为捐赠者，并在后续的日子里为这些慈善机构提供帮助与合

善意、理智、公正的批评是一笔财富，每个渴望成功的人都应该欢迎这种批评。而我受到了无数恶意的批评，但凭心而论，我并没有因此受挫或者心怀怨恨。

我也从未想过批评那些公开向我挑衅的人。

窥见上帝秘密的人

洛克菲勒自传

作。有条件的赠予经常受到谴责，而有些时候，只是因为人们不了解其中的道理。

　　善意、理智、公正的批评是一笔财富，每个渴望成功的人都应该欢迎这种批评。而我受到了无数恶意的批评，但凭心而论，我并没有因此受挫或者心怀怨恨。我也从未想过批评那些公开向我挑衅的人。无论悲观主义者的声音多么强大，我们都知道世界正在快速而稳定地发展。在遭受挫折与侮辱的时刻，这一点已足以让我们感觉安慰。

慈善托拉斯

现在让我们回到慈善托拉斯的话题上来吧。慈善托拉斯指的是在慈善事业上引进商业中协同合作的管理方法。这一理念的成功需要掌握实际商业技能的人的帮助。一个优秀的商人理应认识到这个理念的可行性并为之所吸引。而当这一理念最终以某种形式，或以比我们所能预见的更好的形式发挥作用时，我们的努力将显得多么有意义！

最好的慈善机构应该由最有才能的人管理，才能得到慷慨而充分的支持。捐赠者可以完全信赖他们，因为他们不仅会对基金进行妥善的管理，而且会让每一分钱物尽其用。目前，整个慈善事业的管理越来越松散。很多善心人殚精竭虑筹集而来的资金，却因慈善机构管理不当，而变成一种严重的资源浪费。

我们不能让那些能够在其他领域有所建树的人沦为筹集资金的奴隶。这应该是商人的任务，而他的任务同时还包括对收支的管理。教师、工人、民众的领袖应该从与钱有关的小事中解脱出来，致力于耕耘各自的领域，不应该因其他方面的担忧而分心。

　　慈善托拉斯的建立必将吸引商界最优秀的人才，就像商机对他们的吸引一样。成功的商业人士是一个高尚的阶层。有时候我甚至想说，如果我们的牧师更好地了解商人及商业的话，将会受益匪浅。我认为，神职人员与商人进一步的了解将使双方受益。

　　牧师以及那些在教会中处于重要地位的人在宗教事务上有时会做出令人吃惊的决定，因为这些善良的人几乎没有接受过任何世俗世界的商业训练。

　　无论在生意上，还是在教会里，还是在科学界，**人们交往的前提是诚信与信誉。商人只与说**

185 〉〉〉

真话、信守承诺的人交易。教会的代表们经常指责商人自私、吝啬，然而商人身上有很多值得他们学习的地方。当这两种不同类型的人之间的合作更加紧密时，他们将更深刻地体会到这一点。

慈善托拉斯的建立将使慈善业进入一个全新的阶段，这些联合式的慈善机构将辨明事物的真相。它们将鼓励及支持能力强的工作者和机构。它们将提升慈善工作的标准，帮助人们学会自助。慈善托拉斯正在形成，并且将很快建立。在其理事会中，你将会发现众多美国人中的精英，这些人不仅懂得如何挣钱，并且承担起将这些钱合理使用的重任。

几年前，芝加哥大学十年校庆的时候，我参加了学校的一个餐会。我将在会上发言，于是我事先做了一些笔记。

轮到我发言了，然而，面对着这些家资万贯、声名煊赫的来宾，我的笔记突然失去了意义。这些人的财富和影响力将可以为我们的慈善

洛克菲勒总结自己一生的小诗：

我学习工作也学习娱乐，
我的生命
就是漫长愉快的假日，
充满工作，充满享乐，
上帝日日都保佑我。

事业提供多么巨大的支持啊！想到这一点，我感到激动不已。于是我丢下笔记，开始推销我的慈善托拉斯计划。

我说道："尊敬的各位来宾，我知道你们一直希望为慈善事业做出贡献，我也知道诸位事务繁忙，工作繁重。或许你们会觉得目前仍无力分神调查社会的需求，而你们会在经过充分的考察之后再决定捐助哪些领域。但是，何不像你为自己及儿女储蓄财富一样，将资金放入信托机构？你不会将为儿女储蓄的财富交付给毫无经验的人，不管这个人有多好。同样地，捐赠给社会的钱，我们也应该妥善处理，就像我们为家庭储蓄的钱一样。慈善托拉斯的理事们将为您处理这些事务。让我们成立一个组织，一个托拉斯，聘用专业人士，与我们合作，妥善并有效地管理我们的慈善基金。我恳请大家，从现在开始行动，不要再等了。"

我承认，我坚信这是一个正确的方向，直到现在仍是如此。

尊敬的各位来宾……何不像你为自己及儿女储蓄财富一样，将资金放入信托机构？

第7章　放手：快乐的源泉

如果把我身无分文地丢在沙漠的中心，只要有一行驼队经过——要不了多久，我就可以重建商业王国。

——约翰·D.洛克菲勒